Grundkurs

Darstellendes Spiel 1

Sek II

Schroedel

Grundkurs

Darstellendes Spiel 1

Sek II

HERAUSGEGEBEN VON Christiane Mangold

ERARBEITET VON Sabine Kündiger, Dr. Marcel Kunz, Christiane Mangold, Susanne Oehmsen, Christel Pickenpack, Jan-Henning Steuer, Tilmann Ziemke

Westermann Schroedel Diesterweg Schöningh Winklers GmbH, Braunschweig

www. schroedel.de

Druck A [2] / Jahr 2008

Alle Drucke der Serie A sind im Unterricht parallel verwendbar.

Redaktion: Dr. Stephanie Kleta-Bohmann

Herstellung: Barbara Frankhuizen

Gestaltung und Schriftsatz: Matthias Wittig, fernkopie, Berlin

mit Susanne Benzing, Berlin

Umschlaggestaltung: fernkopie, Berlin

Titelfoto: Marian Beck

Druck und Bindung: westermann druck GmbH, Braunschweig

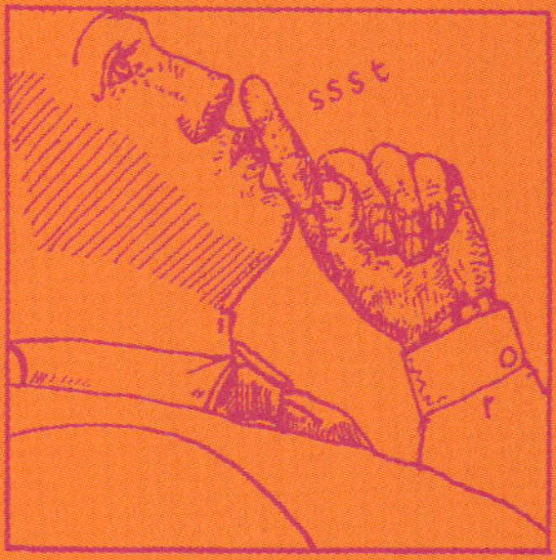

ISBN 978-3-507-41331-3

Man springt nicht zweimal in den gleichen Fluss!

von Christiane Mangold

Spielen, besonders Theaterspielen, ist eine uralte Beschäftigung des Menschen. Theater erzählt Geschichten von Menschen für Menschen, über Liebe, Sehnsucht und Hass, über Entbehrung und Enttäuschung, Macht und Ruhm, Tod und Verdammnis. Es bildet seit jeher das Fühlen und Denken der Menschen ab; die Stoffe und Motive verändern sich dabei nur wenig. .... **Theaterspielen** ist sehr verführerisch: Man kann in andere Rollen schlüpfen, kann Dinge tun, die man sich sonst nie trauen würde, steht im Rampenlicht, bekommt Applaus und kann in einer Welt agieren, in der alle Bühnenhandlungen letztlich folgenlos sind. .... Dieses Buch will Ihnen Anregungen und Hilfestellungen geben bei der Arbeit im Schultheater und Sie auf der Grundlage Ihrer Erfahrungen und Fähigkeiten in die Lage versetzen, eine eigene unverwechselbare Produktion zu verwirklichen. .... Die Titel der vorgestellten **Inszenierungen**, die Schülerinnen und Schüler gemeinsam mit ihren Theaterlehrern erarbeitet haben, verweisen größtenteils auf die große Theaterliteratur. Stücke, die man üblicherweise im Profitheater sehen kann. Dabei werden Sie feststellen, dass die Produktionen sich teilweise sehr weit von den Originaltexten entfernt haben. Neue Figuren und fremde Texte tauchen auf, ganze Szenen und Textpassagen sind gestrichen. Auf diese Weise entstehen ganz eigenständige Interpretationen der Stücke. .... Diese Verfahrensweise, mit Originaltexten umzugehen, ist Ausdruck eines veränderten Theaterverständnisses, welches sich seit vielen Jahren in Inszenierungen großer Bühnen zeigt. „Man springt nicht zweimal in den gleichen Fluss" oder, wie Jürgen Flimm, Regisseur und Intendant, sagt: „Niemand kann ernsthaft annehmen, dass es eine die Zeit überdauernde Anschauung, Verwirklichung und immer gleiche Abbildung eines dramatischen Stoffes gäbe."[1] Kunst, ob im Bereich der bildenden Kunst, der Musik oder des Theaters, reagiert immer auf Veränderungen in der Gesellschaft, sie spiegelt sie wider, kritisiert und kommentiert oder öffnet dem Publikum neue Perspektiven; ihr liegt also immer **Dynamik** und Prozesshaftigkeit zugrunde. .... „Man geht ins Theater, um dort Leben auf der Bühne zu finden, aber wenn kein

Unterschied zwischen dem Leben und dem Leben auf der Bühne besteht, dann hat das Theater keinen Sinn.“[2] Dieses Zitat von Peter Brook, einem weltbekannten Theaterregisseur, verweist auf einen wesentlichen Grundsatz des Theaters: Es bildet nicht die Realität ab, sondern findet Bilder und **Abstraktionen** für die Wirklichkeit. Will man die Realität zeigen, wie sie ist, muss man zwangsläufig scheitern. Wie sollten die Vielfältigkeit der Realität, ihre unterschiedlichen Wahrnehmungen und Interpretationen, in einer gleichbleibenden Form abgebildet werden? Selbst der Film und das Fernsehen bedienen sich des Ausschnitts, der Zusammenfassung und Vergröberung, um ihre Botschaften zu übermitteln. Für das Spiel auf dem Theater hat das zur Folge, dass man sich über den subjektiven Zugriff auf Texte und Figuren Klarheit verschaffen muss, die Auswahl der theatralen Mittel, die zur Umsetzung der Texte dienen, einem Konzept unterwerfen muss und auf platten Realismus verzichtet. .... So ist es naheliegend, dass man Theaterstücke, die schon vor Hunderten von Jahren geschrieben wurden und zu ihrer Zeit ihre Aufgaben erfüllten, immer wieder neu befragt, sie nicht nur auf ihre inhaltliche **Aktualität** hin überprüft, sondern darüber hinaus auch formal ästhetische Überlegungen anstellt, die die Formsprache unserer Zeit berücksichtigen. Wenn Sie also Theater spielen wollen, überlegen Sie, was Ihnen die Figuren heute sagen, wie sie sich jetzt verhalten würden und was das alles mit Ihnen als Oberstufenschüler des 21. Jahrhunderts zu tun hat. Sie werden feststellen, dass mit diesem gedanklichen Ansatz ganz andere, neue Ideen für die Umsetzung der Stoffe entstehen und Sie auf diese Weise Ihrem Publikum auch etwas über sich selbst erzählen können. .... [1] Flimm, Jürgen: Tradition als Grabbeltisch. Aus: Muss Theater sein? Köln: Deutscher Bühnenverein 2003 .... [2] Brook, Peter: Das offene Geheimnis. Frankfurt/M., 1994.

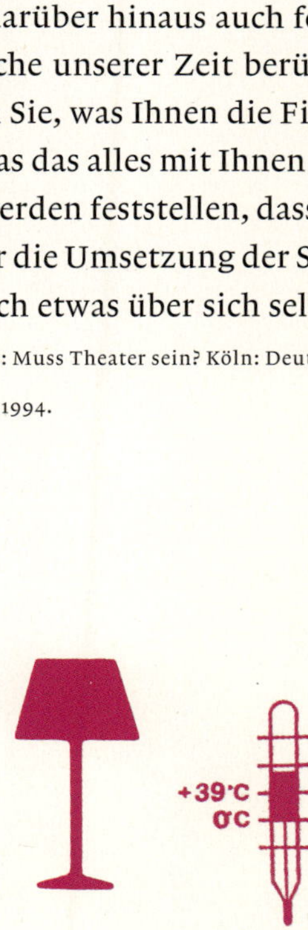

DARSTELLENDES SPIEL

Darstellendes Spiel – Einführung

von Christiane Mangold

Spielend lernen?

Das Theater ist sicher einer der wenigen Bereiche, wo der Traum eines jeden Schülers Wahrheit werden kann: Spielend lernen! .... Theaterspielen ermöglicht es, sich in andere Figuren zu versetzen, wie sie zu denken und zu handeln, ihren tiefsten Geheimnissen und Sehnsüchten auf die Spur zu kommen und sie zu den eigenen zu machen. Eine ganze Welt mit ihren verschrobenen, unglücklichen und glückseligen Figuren, den Siegern und „Losern" steht bereit und wartet darauf, entdeckt zu werden. .... Wenn man sich auf diese Entdeckungsreise begibt, wird man schnell bemerken, dass vieles zunächst leicht und problemlos erscheint, dass es aber, wenn die Ideen auf der Bühne Realität werden sollen, viel Kenntnis, Erfahrung und Übung braucht, um die Bilder, die man im Kopf hat, umzusetzen. .... Wie jede Kunstform, so hat auch das Theater seine Gesetzmäßigkeiten und Regeln, die man kennen lernen muss, wenn man eine Geschichte überzeugend erzählen will. Das Theater verfügt, wie die bildende Kunst und die Musik, über unterschiedlichste Mittel, um Aussagen zu vermitteln und Wirkungen zu erzielen. Diese Ausdrucksmittel kennen zu lernen, damit man sie wirkungsvoll für sein Projekt einsetzen kann, ist eine der wichtigsten Voraussetzungen für das Theaterspielen. Niemand käme auf die Idee, in einem Symphonieorchester mitspielen zu wollen, wenn er keine Noten lesen kann und sein Instrument nicht beherrscht. .... Der Grundkurs gibt Ihnen einen kurzen Überblick über Regeln und Gesetzmäßigkeiten im Umgang mit theatralen Ausdrucksträgern. Für sie gilt ein wichtiger Grundsatz: Man muss die Regeln kennen, bevor man sie überschreitet. .... Die folgenden Übungsvorschläge ermöglichen es Ihnen, Erfahrungen mit den theatralen Ausdrucksmitteln zu sammeln. Die Entdeckungen, die Sie mit sich und dem Theater machen können, gleichen einem Vokabular, das man benötigt, um seine Rolle überzeugend auf die Bühne zu bringen, die Sprache des Theaters zu verstehen und für die eigenen Ideen anzuwenden. .... So wie sich ein Sportler zunächst warm macht, bevor er für den 100-Meter-Sprint startet, ein Sänger sich einsingt, muss

sich auch der Spieler auf seine Rolle vorbereiten. Dazu gehören Konzentrations- und Körperübungen, um Kontakt zu sich und den Mitspielern herzustellen. Jede Probe sollte also mit einem Warming-up, einer Trainingsphase beginnen. Dabei ist es sinnvoll, bereits einzelne Aufgaben, Textelemente, Bewegungsabläufe, die später auf der Bühne geprobt werden sollen, in das Warming-up aufzunehmen. .... Sie finden im Folgenden Vorschläge für Trainingsübungen und kleine szenische Aufgaben, mit deren Hilfe Sie die Ausdrucksmittel des Theaters kennen lernen können.

Körper

Das wichtigste Instrument beim Theaterspielen ist der Körper. Durch die körperliche Beschaffenheit eines Spielers kann ein bestimmter Typ von vornherein charakterisiert werden, ohne großartige darstellerische Bemühungen. Das Aussehen, die Haltung, der Gang, Gestik und Mimik haben automatisch eine Aussage, die zumeist unbewusst von jedem wahrgenommen werden. Ein Zuschauer verbindet, assoziiert und projiziert von sich aus Inhalte und Aussagen auf die Bühnenfigur und gestaltet dadurch mit. Jede Bewegung, jede Haltung wird vom Zuschauer interpretiert und auf die Rolle bezogen, sodass die wichtigste Regel darin besteht, sich genau zu überlegen: Was gehört wirklich zu meiner Figur? Ungeübte Spieler neigen dazu, Mimik, Gestik und Haltungen zu undifferenziert und unkonzentriert einzusetzen, sodass die Aussage nicht eindeutig, sondern mehrdeutig wird und damit missverstanden werden kann. Private Gesten, Haare aus dem Gesicht streichen, aus Verlegenheit an der Kleidung herumzupfen u. Ä. gehören nicht auf die Bühne. .... Eine Bühnenfigur lebt von ihrer Körperlichkeit: der Art und Weise, wie sie sitzt, geht, ein Glas hält oder eine Tasche trägt. Es ist also sinnvoll, sich der Gestaltung einer Figur zunächst von ihrem Körperausdruck her zu nähern; die Sprache, der Text entwickeln sich dann oft von allein.

TRAINING ***Begrüßung*** ✪ Alle gehen durch den Raum, Konzentration auf den eigenen Körper, keine Gespräche mit anderen. Schnelles, zielgerichtetes Gehen, ziellos laufen, schlendern, vorsichtig schleichen, neutral, bewusst aufrecht gehen. Zur Begrüßung innerhalb einer Minute so viele Hände wie möglich schütteln. Zur Begrüßung mit der Hüfte aneinanderstoßen.

Kontaktübung ✪ Bewegen Sie sich gemeinsam durch den Raum. Ein Teil Ihres Körpers ist besonders toll! Präsentieren Sie ihn jedem, der Ihnen entgegenkommt, ohne zu sprechen, nur durch übergroße, deutliche Bewegungen. Stellen Sie Körperkontakt zu dem besonderen Körperteil eines Mitspielers her.

Rhythmische Koordination/Körperkontakt ✪ Zu einer Musik neben einem Partner gehen, gemeinsam Bewegungsmuster entwickeln. Hinter einem Partner hergehen, A legt die Hand auf die Schulter von B, A wird langsam, träge in seinen Bewegungen, B bleibt bei seiner Dynamik und versucht A mitzuziehen. A steigert seine Verweigerung, bis B sich ebenfalls nicht mehr bewegen kann. Im zweiten Durchlauf wechseln A und B die Positionen.

Varianten des Gehens ✪ Die Gangart eines Menschen kann Auskunft über seine innere Verfassung geben. Sie ist ein wichtiger Ausdruck seiner Persönlichkeit. ✪ Beim Gehen das Gewicht auf den Außenrist verlagern – welches Körpergefühl, welche Wirkung entsteht jetzt? Neutral gehen, dann das Gewicht auf den Innenrist legen. Körpergefühl und Wirkung überprüfen. Zehen weit nach außen stellen und gehen, dabei die Fußsohlen ganz aufsetzen (go flat), die Handrücken in Gehrichtung halten. Wie fühlen Sie sich? Wer könnte so gehen? Zehen weit nach außen stellen, Fuß beim Gehen von hinten nach vorn abrollen, kleine, kurze Schritte nehmen. Immer wieder Körpergefühl und Wirkung überprüfen. ✪ Neutral gehen, den Raum gleichmäßig mit allen Spielern ausfüllen. Wenn ein Spieler stehen bleibt, bleiben sofort alle anderen stehen. Die Haltung wird eingefroren (freeze). Geht einer der Spieler wieder los, bewegen sich auch die anderen usf. Die Dynamik des Gehens sollte variiert werden. ✪ Jeder im Raum ist Geheimagent und muss eine Person aus dem Spielerkreis beschatten, man behält die Person beim Gehen immer im Blickfeld, allmählich den Abstand zu der Person verringern, immer näher kommen, ohne dass sie es bemerkt. STOPP – die Hand auf die Schulter legen, freeze.

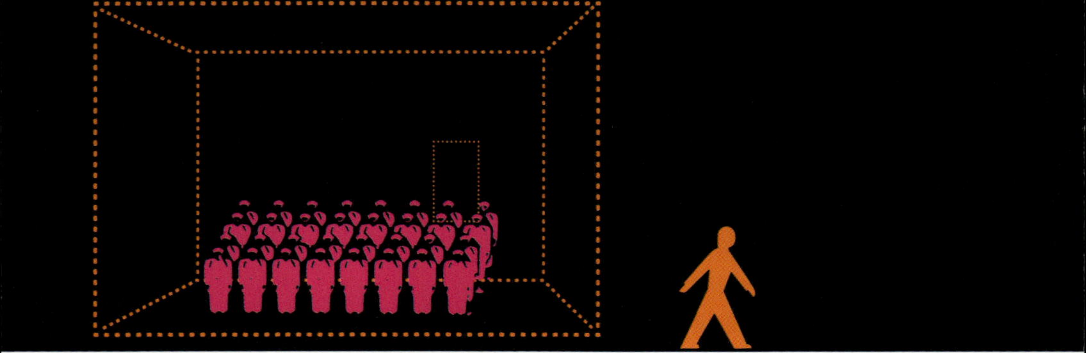

Raum Gruppierungen Gänge

Man kann in jedem Raum Theater spielen, das kann der Schulflur, die Pausenhalle, der Schulhof oder die Bühne in der Aula sein, die Sie zum Spielort erklären. Jeder Raum hat seine eigene Atmosphäre, seinen eigenen Ausdruck, den man zunächst entdecken muss, bevor man sich dazu entscheidet, gerade dort zu spielen. Türen, Geländer, Fenster, Podeste können Auftritts- und Spielmöglichkeiten sein, die die Inszenierung für den Zuschauer interessanter machen. Es ist dabei jedoch wichtig, dass der Spielraum als solcher kenntlich gemacht wird, das kann durch Stellwände, Podeste, Stoffbahnen oder aber auch durch Beleuchtung geschehen. Der Spielort sollte zunächst neutral sein, denn jedes zusätzliche Zeichen „spielt“ für den Zuschauer mit. Ein Feuerlöscher an der Flurwand bleibt ein Feuerlöscher, wenn er also für das Spiel keine Funktion hat, führt er den Betrachter in die Irre und erschwert ihm das Verständnis der Raumgestaltung. .... Die Wahl des Spielraumes bestimmt das Spiel. Ein kreisförmiger Raum verlangt und ermöglicht andere Gänge und Gruppierungen als ein eckiger. .... Der traditionelle Spielort ist die Guckkastenbühne, ein begrenzter Raum, dessen „vierte Wand“ offen bleibt. Der zunächst leere Raum wird durch die Spieler gefüllt. Jede Position, die sie im Raum einnehmen, hat eine inhaltliche Bedeutung, so empfindet z. B. der Zuschauer die Stellung eines Spielers in der Mitte der Bühne als dominant, die Figur wird zum Blickfang, der Spieler selbst übersieht große Teiles des Spielfeldes. Steht er mit dem Rücken zum Publikum, scheint er sich eher abwartend zu verhalten und die Zuschauer haben, durch die gleiche Blickrichtung, die Möglichkeit der Identifikation mit der Figur. Wesentlich für die Positionierung der Spieler ist, dass

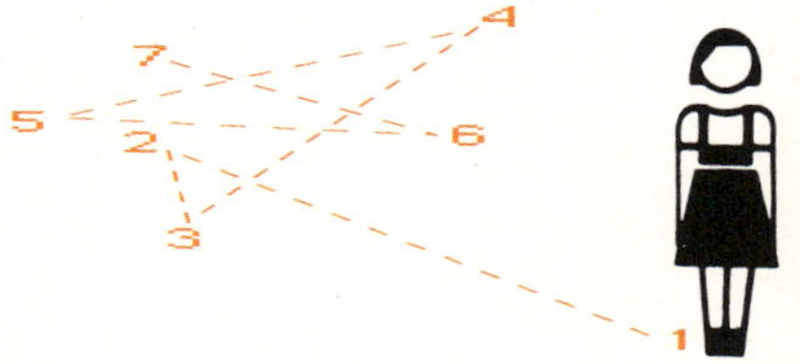

ihre Aktionen vom Zuschauer beobachtet werden können, die einzelnen Spieler sich nicht gegenseitig verdecken. Auftritte und Abgänge müssen der Logik der Handlung entsprechen – wer links abgeht, sollte auch wieder von der linken Seite auftreten, es sei denn, aus inhaltlichen Gründen ergibt sich eine Änderung. ....
Wie ein Bild gliedert sich der Raum in Vorder-, Mittel- und Hintergrund, er hat eine Höhe und eine Breite. All diese Dimensionen sollten, je nach Aussageabsicht, bespielt werden. Wichtig ist, dass die Positionen der Figuren und ihre Beziehungen untereinander durch Nähe oder Entfernung auf das Beziehungsverhältnis verweisen und somit eine inhaltliche Aussage vermitteln. Zunächst muss eine Gruppierung für die Figuren und ihre Stellung im Raum gefunden werden, dann der Gang für die einzelnen Personen. Man entwickelt also nach und nach jede einzelne Spielsituation. Zur Erinnerung: Die inhaltliche Aussage wird durch jede Körperhaltung, Gestik und Mimik, die Art und Weise des Gangs und der Bewegung beeinflusst.

TRAINING ***Raumwahrnehmung I*** ✪ Die Spieler bilden Paare. A schließt die Augen. B sucht einen Gegenstand, ein Möbelstück o. Ä. aus, führt A, die Hände auf seine Schultern legend, dorthin, richtet den Kopf von A so aus, dass er direkt auf das betreffende Objekt hin orientiert ist. Ein leichter Druck auf den Kopf ist das Zeichen für A, die Augen zu öffnen. Vergleichbar mit der Linse eines Fotoapparates kann nun A für sich einen Detailausschnitt des Raumes wahrnehmen. Augen wieder schließen. Neues Objekt suchen usf., dabei möglichst unterschiedliche Perspektiven (Weitwinkel, Nahaufnahme) auswählen.
Raumwahrnehmung II ✪ B schließt die Augen. A führt B durch den Raum und lässt ihn unterschiedliche Materialien, die sich im Raum befinden, fühlen (Vorhangstoff, Holz, Glas, Kleidungsstücke etc.). B muss sich nur auf den taktilen Eindruck konzentrieren, ohne zu sagen, um welches Material es sich handelt.

Requisit

Requisiten sind Gegenstände, die das Spiel auf der Bühne bereichern und anschaulicher machen. Sie haben, wie alles, was auf der Bühne zu sehen ist, eine eigene Bedeutung und müssen deshalb zur Aussage der Szene bzw. der Figur passen. Eine festliche Gesellschaft wird nicht mit Pappbechern anstoßen, sondern mit Sektgläsern. Ein Spieler, der mit einer Weinflasche auf die Bühne kommt, wird beim Zuschauer andere Erwartungen wecken als ein Spieler, der eine Milchflasche in der Hand hält. Insofern müssen die Requisiten sehr sorgsam ausgesucht werden, damit sie das Spiel unterstützen und dem Betrachter eindeutige Hinweise auf die Situation und die Figur geben zu können. .... Es gibt drei Möglichkeiten, Requisiten einzusetzen: Sie können das Spiel unterstützen und werden somit zum Mitspieler, indem sie helfen, eine Bühnenfigur lebendig zu machen. So kann die Nervosität, die ein Spieler darstellen möchte, durch das unablässige Herumnesteln an seinem Aktenkoffer verdeutlicht werden oder aber indem er die Brille abnimmt, sie putzt, wieder aufsetzt, erneut abnimmt, wieder putzt usw. Je präziser das Requisit zu der entsprechenden Situation passt, desto überzeugender wird die Wirkung sein. .... Requisiten können aber als Spielpartner auch anders eingesetzt werden. Sie werden zum Gegenspieler: sie stehen dem Spieler im Wege, er kann sie nicht handhaben, sie stören und verursachen Probleme. Das Requisit wird zur „Tücke des Objekts", so wie man das in Filmen mit Oliver Hardy und Stan Laurel sehen kann, wenn diese versuchen einen Liegestuhl aufzustellen. .... Ein Requisit lässt sich auch in seiner übertragenen Bedeutung ins Spiel bringen. Es wird dann als Zeichen oder Metapher für etwas anderes verwendet. Ein Stock kann ein Ruder sein, ein Gewehr, den Mast und die Reling eines Schiffes markieren, für den Bau einer Hütte verwendet

werden oder eine Friedenspfeife bezeichnen. Nur durch die Handhabung des Stockes, die unterstützende Mimik und Gestik wird dem Zuschauer signalisiert, um welche Situation es sich handelt. .... Der fantasievolle Einsatz des Requisits als Metapher und das mehrmalige Umdefinieren eines Gegenstandes innerhalb einer Szene können sehr überraschende, unerwartete Wirkungen haben.

TRAINING ***Assoziationsübung*** ✪ Ein großes Tuch (ca. 2 x 6 Meter) liegt in der Kreismitte. Was fällt Ihnen zu diesem Tuch ein? Was könnte es sein? Wer eine Idee hat, geht in die Kreismitte, zeigt spielerisch, um welchen Gegenstand es sich handelt. Die Assoziationen werden notiert und im anschließenden Gespräch den drei verschiedenen Funktionsmöglichkeiten eines Requisits zugeordnet (Mitspieler/Gegenspieler/Metapher). Die Übung lässt sich mit anderen Gegenständen wiederholen, z. B. mit Schläuchen oder Stöcken.

Requisiten-Show ✪ Jeder Spieler sucht sich einen beliebigen Gegenstand aus (Schuh, Tasche, Geldbörse, Kreide etc.). Alle gehen durch den Raum, wenn zwei Spieler aufeinandertreffen, preisen sie ihren Gegenstand dem Mitspieler als ein besonders wertvolles Geschenk zum Verkauf an. In einer zweiten Spielrunde soll der gleiche Gegenstand mit peinlich, verschämten Bemerkungen vor dem jeweiligen Mitspieler versteckt werden.

Gefühle zeigen ✪ Jeder Spieler erhält einen Brief. In ihm befindet sich ein leerer Papierbogen und ein Zettel mit einer Nachricht: Liebesbrief, Kündigung, Todesnachricht, Lottogewinn etc. In einer kurzen Improvisation versucht jeder Spieler allein durch die Art und Weise, wie er den Brief liest bzw. mit ihm umgeht, darzustellen, um welche Nachricht es sich handelt. Körperhaltung, Mimik, Gestik und das Spiel mit dem Brief sind in dieser Übung die Mittel, um die Information zu transportieren.

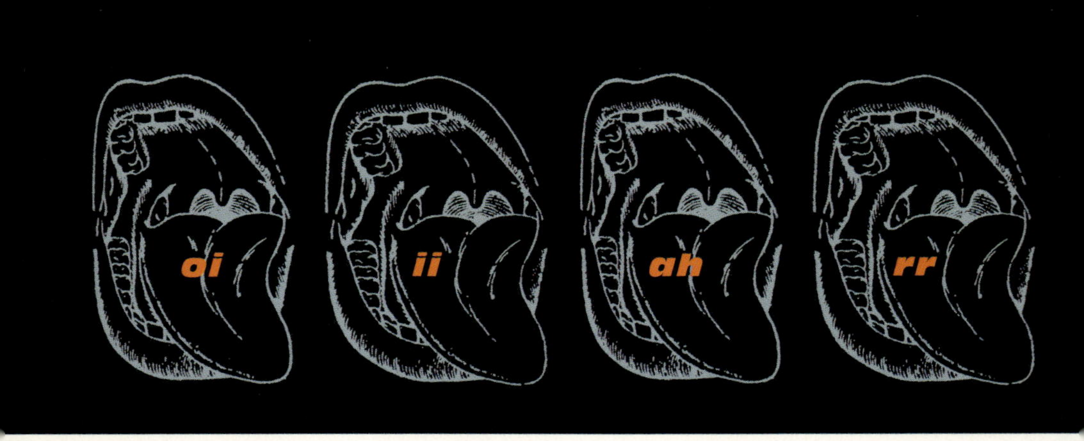

Sprache und Sprechen

Sprache und Sprechen sind nicht nur Ausdruck von Gedanken, durch Sprache teilt sich dem Zuhörer auch eine emotionale Stimmung mit. Einerseits ist das Sprechen ein technischer Vorgang, andererseits bekommen die Worte durch Klang, Betonung und Tempovariationen ihren spezifischen, situationsgerechten Ausdruck. .... Auch wenn das Theaterspielen von optischen Signalen lebt, können differenzierte Informationen erst durch die sprachliche Umsetzung vermittelt werden. Der Text allein, stur aufgesagt, wird aber immer leblos wirken, es bedarf also einer Gestaltung der Sprache, wenn die Figuren auf der Bühne lebendig werden sollen. Voraussetzung hierfür ist das Empfinden für den Klang der eigenen Stimme und das Experimentieren mit ihr. Erst wenn man unterschiedliche Varianten des Sprechens ausprobiert hat, kann man sich für einen der Figur und Situation angemessenen Sprachausdruck entscheiden. Wichtig ist dabei, dass das Sprechen immer ein gesamtkörperlicher Vorgang ist und deshalb am überzeugendsten erscheint, wenn es sich aus der Bewegung heraus ergibt oder bewusst Sprache und Bewegung miteinander gekoppelt werden. Zusammengekrümmt auf dem Boden liegend, kommen die Töne gepresst und leise, aufrecht stehend, mit erhobenem Kopf, eher klar, bestimmt und deutlich. Es ist ein wesentlicher Bestandteil von Proben, herauszufinden, welche Haltungen und Bewegungen zu welchen Textpassagen passen, um neben der rein inhaltlichen Aussage auch den emotionalen Kontext verdeutlichen zu können. .... Aus diesem Grund ist es wichtig, niemals den Text isoliert „auswendig“ zu lernen, sondern ihn immer in Zusammenhang mit der Stellung im Bühnenraum, den Gängen, der Gestik und Körperhaltung der Figur zu erarbeiten. Abgesehen davon, kann man sich den Text leichter merken, wenn er mit festgeleg-

ten Positionen im Raum verbunden ist. .... Die technischen Voraussetzungen für eine Bühnensprache erlernen Schauspieler in langwieriger Arbeit während ihrer Ausbildung. Sprechunterricht und Stimmtraining müssen individuell ansetzen und bedürfen langfristiger, planvoller Übungen, wenn sie Erfolg zeigen sollen.

TRAINING ***Akustische Orientierung*** ✪ A schließt die Augen. B führt A durch den Raum, indem er A nicht berührt, sondern nur durch ein vorher abgesprochenes Wort leitet. Lassen Sie sich positive Begriffe einfallen (Sommerduft, Sternenhimmel) – wer läuft schon gern Begriffen wie Laserdrucker oder Schraubenschlüssel hinterher?

Laut und Sprung ✪ Alle gehen durch den Raum. Auf ein Zeichen springen sie hoch und rufen „Ha!". Die Übung wird mehrmals wiederholt und steigert sich dabei im Tempo und in der Lautstärke.

Wort und Haltung ✪ Jeder Spieler spricht, durch den Raum gehend, seinen Vornamen in neutraler Lautstärke vor sich hin. Auf Ansage wird die Aussprache des Namens klanglich variiert: wütend, zärtlich, drohend, weinerlich, trotzig. Zu den einzelnen Klangvariationen sollen im zweiten Durchgang entsprechende Körperhaltungen gefunden werden, dabei wird sowohl die Artikulation als auch die Haltung ins Große hinein gesteigert und wieder auf ein Minimum verkleinert.

Satz und Geste ✪ Durch den Raum gehen, ein Spieler sagt einen Gegenstand an, auf den alle zur gleichen Zeit mit ausgestrecktem Arm, höchster Körperspannung, größter Lautstärke weisen und gemeinsam „Da ist es!" rufen.

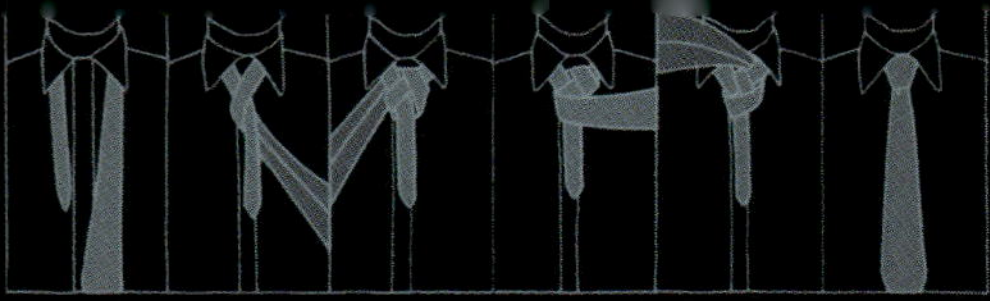

Kostüm

Kostüme sind die Kleidungsstücke, die auf der Bühne getragen werden. Sie dienen der Charakterisierung der Figur, sie unterstützen die Darstellung, sie sind Teil der optischen Gesamtwirkung der Inszenierung und sie verweisen auf die Interpretation bzw. Konzeption des Stückes. Form, Farbe und Material geben Auskunft über den Träger des Kostüms. Eine zerfetzte Jeans setzt ein anderes Signal als ein Businessanzug. .... Es ist sicher reizvoll, Kostüme aus dem Fundus eines Theaters auszuleihen, sie haben jedoch den Nachteil, dass sie für andere Stücke und andere Personen geschneidert wurden, also nicht direkt auf Sie und ihre Rolle zugeschnitten sind. Man läuft dadurch schnell Gefahr, sich für ein Kostüm zu entscheiden, das einem im übertragenen Sinne des Wortes „zu groß“ ist. Perfekte Kostüme erfordern ein perfektes Spiel, was für unausgebildete Spieler nur selten zu erreichen ist. Angemessener und auch interessanter ist es, Kostüme selbst zu entwerfen, aus dem eigenen Fundus zu schöpfen. Dann entstehen individuelle Lösungen, die eng mit der Figur verbunden sind, und das Spiel wird überzeugender. .... Da die Kostüme wesentlich zum optischen Gesamteindruck beitragen, sollten sie sowohl stilistisch als auch vom Material und der Farbigkeit her zusammenpassen. .... Eine einfache, aber reizvolle Möglichkeit besteht darin, die Spieler in ein so genanntes Grundkostüm zu kleiden: Alle tragen Hosen oder Röcke und T-Shirts in der gleichen neutralen Farbe. Für die einzelnen Figuren werden dann Versatzstücke hinzugefügt, die die Rolle zeichenhaft charakterisieren: ein Hut, eine Schärpe, ein Umhang, dicke Wollstrümpfe, ein aufwändiger Modeschmuck usf. Grundsätzlich gilt, dass man so früh wie möglich in den Kostümen proben sollte, denn die Kleidung beeinflusst die Bewegungsmöglichkeit, was besonders bei Schuhen eine große Rolle spielt. Wer immer in Turnschuhen herumläuft, wird es anfangs schwer haben, auf Stöckelschuhen zu gehen; mit einem engen, schmalen Rock sitzt, steht und geht man anders als mit einem weiten.

Bühnenbild

Vollständige, große Bühnenbilder, die dem Zuschauer die Illusion eines real existierenden Ortes vorgaukeln, sind für das Schultheater schon allein wegen des finanziellen und technischen Aufwandes nicht zu realisieren. Es ist daher sinnvoll, sich auf wenige Zeichen zu konzentrieren, die den Ort markieren. Hilfreich können dabei multifunktionale Podeste, Stellwände, Würfel aus Styropor oder Spanplatten sein. Mit ihnen kann man den Bühnenraum gliedern, sie können zu neutralen Möbelstücken werden, wenn man sie mit Tüchern oder Stoffbahnen verhängt. Mit ihnen kann man Höhe schaffen und somit eine weitere Raumdimension für das Spiel herstellen.

Wichtig ist, dass alles, was auf der Bühne steht, eine Funktion haben muss und für das Spiel gebraucht wird. Jeder Gegenstand, jedes Möbelstück wird vom Zuschauer interpretiert. Ein Stuhl aus dem Klassenraum bleibt ein Schulgestühl und signalisiert eine Unterrichtssituation; zu erwarten, dass der Zuschauer aus dem Spielkontext schon schließen wird, dass es sich um einen Thron oder einen Chefsessel handelt, hieße sich selbst das Spiel zu erschweren, wenn nicht sogar der Lächerlichkeit preiszugeben. Überflüssiges Dekor wie z. B. Blumenvasen, Zimmerpflanzen, Stehlampen und dergleichen sollte man weglassen, es sei denn, jemand wird damit erschlagen. Ansonsten führt ein übervolles Bühnenbild mit vielen Details nur dazu, dass es auf- und abgebaut werden muss, was wiederum die Umbaupausen verlängert und damit den Spielfluss unterbricht.

Die Reduktion auf wenige, aussagekräftige Elemente gibt den Spielern und ihren Aktionen mehr Platz auf der Bühne und konzentriert den Blick des Zuschauers. Hier gilt die goldene Regel: Weniger ist mehr!

Licht

Ohne Frage spielt die Beleuchtung beim Theaterspielen eine große Rolle. Sie hat dramaturgische Funktion, kann eine Szene atmosphärisch stützen, die Bühne strukturieren, Orte kennzeichnen und damit sogar das Bühnenbild ersetzen. Erst durch das Licht wird auf der Bühne eine theatrale Realität erzeugt. Es lenkt den Blick des Zuschauers, hebt Figuren und Aktionen hervor oder lässt sie im Ungefähren verschwinden. .... Schon die erste Lichteinstellung zu Beginn eines Theaterabends bereitet das Publikum auf die Vorstellung vor: Ist es mit einem Schlag ganz hell auf der Bühne, so wird der Zuschauer plötzlich mit der Szene konfrontiert. Wächst das erste Bild allmählich aus dem Dunkel der Bühne hervor, so wird das Publikum langsam, oft erwartungsvoll in das Bühnengeschehen hineingeführt. Abruptes Ausschalten des Lichts (Blackout) betont das soeben noch Gesehene und Gesagte, während das langsame Ausblenden Ruhe, Melancholie und Nachdenklichkeit beim Zuschauer erzeugt. .... Über die neutrale Beleuchtung hinaus gibt es die Möglichkeit, die Figuren in ihrer Dreidimensionalität zu betonen. Licht und Schatten produzieren Plastizität, die die Figuren und ihr Spiel für den Zuschauer eindringlicher erscheinen lassen. Dieser Effekt entsteht, wenn die Figur nicht von allen Seiten gleich stark ausgeleuchtet wird. Zweidimensional, d. h. flächenhaft, wirkt ein Spieler, wenn er entweder gleichmäßig bzw. von vorne oder hinten beleuchtet wird. Die Figur erscheint dem Betrachter dann als Silhouette, die schemenhaft oder auch bedrohlich wirken kann. .... Durch farbiges Licht können Stimmungen entstehen, die das Spielgeschehen unterstützen. Diese Stimmungen werden durch das Aufsetzen von Farbfiltern erzeugt. Es besteht hier aber die Gefahr, dass das Spielgeschehen durch vielfältige, unterschiedliche Farbstimmungen zu sehr dominiert wird oder aber nur

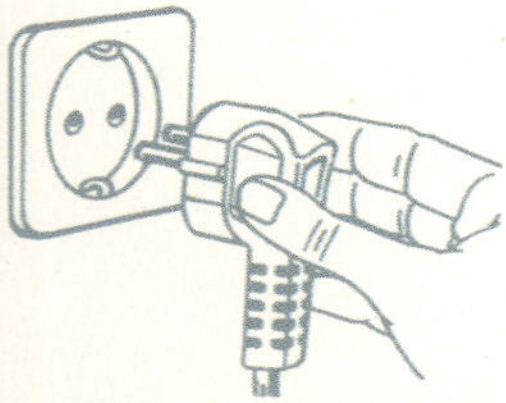

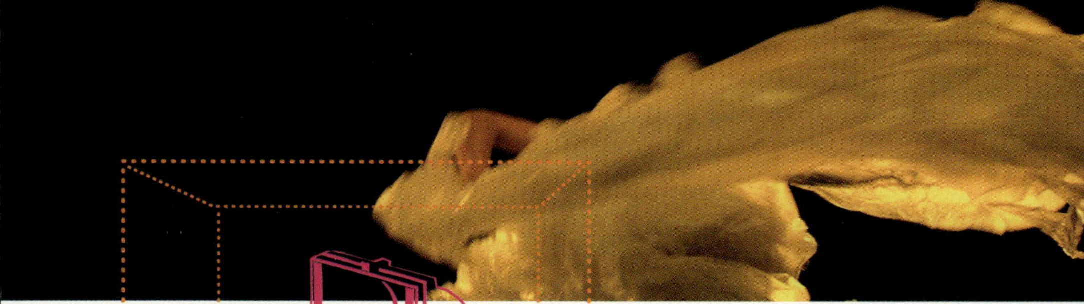

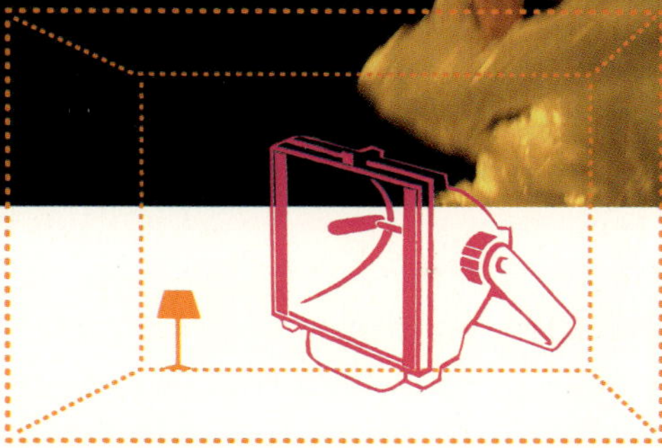

banale Lichteffekte erzeugt werden, die gängige Erwartungshaltungen bedienen, wie z. B. das schummerige Rot in einer Bar. Das Licht kann jedoch auch eine kommentierende, ironisierende Funktion übernehmen, die gerade diese Erwartungshaltung des Zuschauers karikiert: eine Lagerhalle in fahlem, kaltem Blau, ein Zauberwald in giftigem Grün, das berüchtigte Rotlichtmilieu. Eine Übersteigerung dieser Erwartungshaltung führt dann zwangsläufig zur Ironisierung, eine Umkehrung zur Brechung und Verfremdung, so entspricht eine fahlblau ausgeleuchtete Bar nicht unserer landläufigen Vorstellung, führt dadurch zur Distanzierung des Zuschauers und erhöht seine Aufmerksamkeit. .... Leider sind die wenigsten Schulbühnen mit einer komfortablen Lichtanlage ausgestattet, die differenzierte Licht- und Farbstimmungen ermöglicht, so dass ein sensibler Umgang mit farbigem Licht nur selten möglich ist. .... Man kann sich aber auch, neben einer einfachen Beleuchtungs-Grundausstattung, mit anderen Lichtquellen wie Lampen, Laternen, Taschenlampen, Kerzen oder Overheadprojektoren behelfen und dadurch Atmosphäre schaffen.

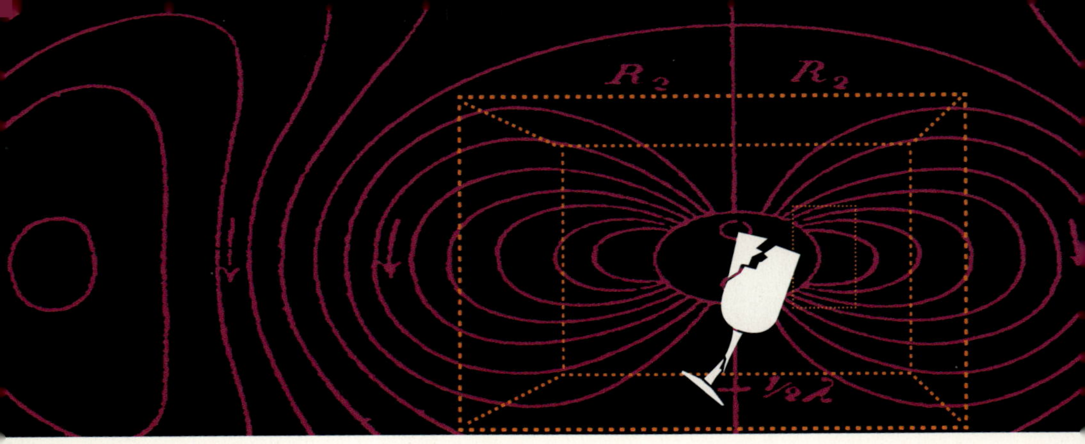

Musik, Klang, Geräusch

Musik, Klänge, Geräusche sind seit den Anfängen des Theaterspielens ein wichtiges Gestaltungselement. Neben der Sprache entstehen beim Spiel auch immer Geräusche, wie z.B. das Zerreißen eines Briefes, das Klirren von Gläsern oder das Klappern von hochhackigen Schuhen. Bewusst in die Gestaltung der Szene eingesetzt, können hierüber zusätzliche Informationen vermittelt werden, die Aufschluss über die Figuren und ihre Charaktere bieten. Wie bei allen Ausdrucksmitteln des Theaters, gilt es auch hier, sich dieser Wirkungen bewusst zu werden. Häufig entstehen „akustische Löcher“ in der szenischen Arbeit, das sind Gesprächs- oder auch Umbaupausen, die, wenn sie nicht bewusst inszeniert sind, das Gefühl der Leere aufkommen lassen, durch Geräusche aber überbrückt werden können: Das Schlürfen beim Essen, das Schaben des Bestecks auf dem Teller oder auch ein von außen (aus dem Off) eingespieltes Geräusch wie z.B. das Ticken einer Uhr, geben der Szene einen zusätzlichen Ausdruck. .... Die Auswahl von Musik unterliegt den gleichen Regeln, wie auch die Auswahl des passenden Requisits. Gerade die Musik ist ein starker Ausdrucksträger, eröffnet durch Rhythmus, melodische oder disharmonische Klänge bestimmte Assoziationsräume, die in ihrer Wirkung zur szenischen Aussage passen müssen. Musik kann deshalb nicht beliebig eingespielt werden, sondern braucht einen direkten Bezug zur Situation. So ist es ein Unterschied, ob zu einer Partyszene ein aktueller Pop-Song, Jazz, Swing oder gar Marschmusik gespielt wird. .... Beim Einsatz von Musik besteht die Gefahr, dass sie zu groß und zu bombastisch im Vergleich zu der dargestellten Situation wirkt; die musikalische Information droht dann die szenische zu erschlagen. .... Ganz

 besondere Aufmerksamkeit ist geboten, wenn Musikstücke mit Gesang ausgesucht werden, denn hier kommt die Textaussage des Gesangs als Informationsträger hinzu und kann dadurch die darstellerische Aussage der Szene überlagern oder uneindeutig machen. .... Die Auswahl von Musik und Geräuschen richtet sich danach, ob die Szene atmosphärisch unterstützt oder kommentiert werden soll. Ein musikalischer Kommentar kann ironisierend sein oder verfremden, er kann aber auch die Bewegungsabläufe der Spieler strukturieren oder zur Charakterisierung einer Figur dienen. Solche musikalischen Charakterisierungen können sich auch als das Leitmotiv einer Figur durch das gesamte Stück ziehen.

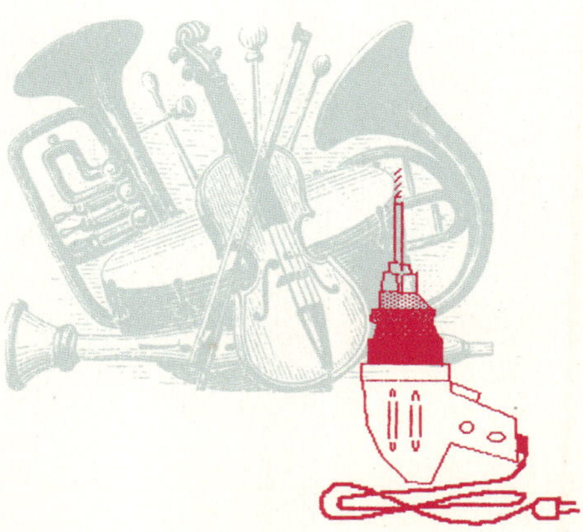

Frank Wedekind

Frühlingserwachen

Ich glaube, dass das Stück umso ergreifender wirkt, je harmloser, je sonniger, je lachender es gespielt wird.

FRANK WEDEKIND

JUNGE LEUTE AUF DER SCHWELLE ZUM ERWACHSENWERDEN, SIE ALLE STEHEN ZWISCHEN SCHULE, ELTERN, EIGENEN SEHNSÜCHTEN. AUTORITÄTEN WIE ELTERN UND LEHRER VERSAGEN, WEIL SIE KEINE ANTWORTEN GEBEN UND UM DEN HEIßEN BREI REDEN, DEN DRUCK VERSTÄRKEN ODER EINFACH NUR STRAFEN.

Frühlingserwachen
Der Inhalt

Deutsche Stadt, um 1890. .... Wie viele ihrer Altersgenossen erfahren auch Wendla, Moritz und Melchior ihre erwachende Sexualität. Niemand hat bisher mit ihnen über dieses Thema gesprochen, mit ihren Fragen stoßen sie bei den Erwachsenen auf Ausweichmanöver und Geheimnistuereien. Wendla bekommt von ihrer Mutter lediglich die Geschichte vom Klapperstorch zur Antwort, und Moritz traut sich gar nicht, seine leistungsorientierten, strengen Eltern zu fragen. Statt dessen bittet er seinen Freund Melchior, der als Einziger liberal erzogen worden ist, um Aufklärung. Melchior übergibt ihm eine von ihm selbst verfasste Schrift mit dem Titel „Der Beischlaf", die Moritz zunehmend beschäftigt. Seine ohnehin schon schwachen schulischen Leistungen verschlechtern sich, der Druck der Eltern wächst. Als er nicht versetzt wird, erschießt er sich. .... Wendla ist nach einem Treffen mit Melchior schwanger geworden. Die Mutter redet ihrer ahnungslosen Tochter ein, sie leide unter Bleichsucht. An der dafür notwendigen Behandlung, in Wahrheit ein Abtreibungsversuch, stirbt Wendla. .... Melchior wird als Verfasser der in den Augen der Lehrer schändlichen und für den Selbstmord von Moritz verantwortlichen Aufklärungsschrift entlarvt. Er muss die Schule verlassen und wird in eine Besserungsanstalt eingewiesen. Er kann jedoch entkommen und sucht Zuflucht auf dem Friedhof. In einer Vision begegnet ihm Moritz, der ihn – den Kopf unter dem Arm – dazu bewegen will, sich ebenfalls umzubringen. Doch ein vermummter Herr, die Personifikation des Lebens, überredet Melchior, mit ihm zu gehen, zurück ins Leben.

24. Juli 1864, Hannover .... 9. März 1918, München

Frank Wedekind
Der Autor

Wenige Monate nach der Rückkehr seiner Eltern aus den USA, wohin beide Jahre zuvor ausgewandert waren, wurde Benjamin Franklin Wedekind als zweites von sechs Kindern geboren. Als Gegner des wilhelminischen Kaiserreichs hielt es die Familie jedoch nicht lange in Deutschland, sie übersiedelte in die Schweiz, wo Wedekind seine Jugend verbrachte. Auf Wunsch des Vaters begann er ein Jura-Studium an der Universität in München, das er aber wegen ausgiebiger Besuche von Museen, Konzerten und Theatern zunehmend vernachlässigte. Der Vater kündigte ihm daraufhin die finanzielle Unterstützung, Wedekind musste sich seinen Unterhalt zunächst als Werbetexter, später als Vorsteher des Reklame- und Pressebüros der Firma Maggi verdienen. 1887 knüpfte er Kontakte zum Züricher Kreis „Das junge Deutschland“ um Gerhart Hauptmann und begann selbst Beiträge für die „Neue Züricher Zeitung“ zu schreiben. Der Tod des Vaters 1888 machte ihn finanziell unabhängig, so dass er Reisen nach Paris, London und Berlin unternehmen und mit den dort ansässigen Künstlern und Bohémiens in Kontakt treten konnte. 1891 publizierte er erstmals unter dem Namen Frank Wedekind, 1896 arbeitete er an der frisch gegründeten Satire-Zeitschrift „Simplicissimus“ mit und bekam zwei Jahre später zunächst in Leipzig, dann in München ein Engagement als Schauspieler und Regisseur. Als Mitglied der „Elf Scharfrichter“, des ersten 1901 in München eröffneten Kabaretts in Deutschland, attackierte Wedekind in seinen Balladen zur Gitarre die heuchlerische Moral der Spießer um die Jahrhundertwende und wurde prompt von der Zensur verfolgt. **WEITERE STÜCKE U. A.** ➤ Erdgeist (1892–1894) ➤ Die Büchse der Pandora (1892–1901) ➤ Der Marquis von Keith (1898/99) ➤ Musik (1906) ➤ Lulu (1912/13).

Frühlingserwachen
Das Werk

Frank Wedekind bereitete den Weg für das expressionistische Drama. Seine skandalumwitterten Bühnenwerke beeinflussten mindestens zwei weitere Dichtergenerationen und u. a. Carl Sternheim und Bertolt Brecht. .... Als Verfechter sexueller Liberalität kritisiert Wedekind die bürgerliche Scheinmoral und Prüderie. Seine Figuren durchbrechen die beengten bürgerlichen Konventionen und irritieren durch absichtliche Tabuverletzungen. Wedekind arbeitet dabei mit Stilmitteln (z. B. musikalische, revuehafte, artistische und fantastische Elemente), die für das anti-illusionistische Theater wichtig wurden.

Zadek-Inszenierung, Bremen 1964

AUFFÜHRUNGSGESCHICHTE Uraufführung: Kammerspiele, Berlin 1906, Regie: Max Reinhardt, Uraufführung ➤ Das 1891 veröffentlichte Erstlingsdrama wurde von der Zensur verfolgt und erst 1912 nach Erscheinen einer abgemilderten Bühnenfassung vom Berliner Oberverwaltungsgericht endgültig freigegeben. ....
In seiner Bremer Inszenierung von 1964 ließ Peter Zadek bereits die Studentenrevolte der 68er ahnen, die Regisseure der siebziger Jahre zeigten dagegen Parallelen zwischen dem Scheitern dieses Aufbruchs und dem Generationenkonflikt auf.

ORIGINALTEXT

Frank Wedekind
Frühlingserwachen

Erster Akt
1. Szene

WENDLA Warum hast du mir das Kleid so lang gemacht, Mutter?

FRAU BERGMANN Du wirst vierzehn Jahre heute!

WENDLA Hätte ich gewusst, dass du mir das Kleid so lang machen werdest, ich wäre lieber nicht vierzehn geworden.

FRAU BERGMANN Das Kleid ist nicht zu lang, Wendla. Was willst du denn! Kann ich dafür, dass mein Kind mit jedem Frühjahr wieder zwei Zoll größer ist. Du darfst doch als ausgewachsenes Mädchen nicht in Prinzesskleidchen einhergehen.

> ***Position im Raum*** ✪ **Überlegen Sie sich, wie das Verhältnis zwischen Mutter und Tochter in dieser Szene ist. Beide können z. B. während des Dialogs Rücken an Rücken oder unbeteiligt nebeneinander stehen.** ✪ **Probieren Sie die Wirkung verschiedener Positionen aus und überprüfen Sie, welche Ihrer Interpretation am nächsten kommt.**

Erster Akt
3. Szene

MELCHIOR (*geht vorüber und grüßt*)

THEA Er hat einen wundervollen Kopf.

MARTHA So denke ich mir den jungen Alexander, als er zu Aristoteles in die Schule ging.

THEA Du lieber Gott, die griechische Geschichte! Ich weiß nur noch, wie Sokrates in der Tonne lag, als ihm Alexander den Eselsschatten verkaufte.

WENDLA Er soll der Drittbeste in seiner Klasse sein.

THEA Professor Knochenbruch sagt, wenn er wollte, könnte er überall Primus sein.

MARTHA Er hat eine schöne Stirn, aber sein Freund hat einen seelenvolleren Blick.

THEA Moritz Stiefel? – Ist das eine Schlafmütze!

MARTHA Ich habe mich immer ganz nett mit ihm unterhalten.

THEA Er blamiert einen, wo man ihn trifft. Auf dem Kinderball bei Rilows bot er mir Pralinés an. Denke dir, Wendla, die waren weich und warm. Ist das nicht …? Er sagte, er habe sie zu lange in der Hosentasche gehabt.

WENDLA Denke dir, Melchi Gabor sagte mir damals, er glaube an nichts – nicht an Gott, nicht an ein Jenseits – an gar nichts mehr in dieser Welt.

Spielort ✪ Diese Szene kann im Klassenzimmer, aber auch z. B. auf einer Treppe stattfinden. ✪ Überlegen Sie sich einige praktikable Alternativen und probieren Sie sie aus.

Dritter Akt

1. Szene

Melchior Gabor ist als Verfasser der Schrift „Der Beischlaf" entlarvt worden, die nach Meinung des Lehrerkollegiums ausschlaggebend für den Selbstmord von Moritz Stiefel gewesen ist. In einer eilig einberufenen Konferenz soll über Melchiors weiteres Schicksal entschieden werden.

Konferenzzimmer. – An den Wänden die Bilder von Pestalozzi und J. J. Rousseau. Um einen grünen Tisch, über dem mehrere Gasflammen brennen, sitzen die Professoren Affenschmalz, Knüppeldick, Hungergurt, Knochenbruch, Zungenschlag, und Fliegentod. Am oberen Ende auf erhöhtem Sessel Rektor Sonnenstich, Pedell Habebald kauert neben der Tür.

SONNENSTICH […] Sollte einer der Herren noch etwas zu bemerken haben? - - Meine Herren! – Wenn wir nicht umhin können, bei einem hohen Kultusministerium die Relegation unseres schuldbeladenen Schülers zu beantragen, so können wir das aus den schwerwiegendsten Gründen nicht. Wir können es nicht, um das bereits hereingebrochene Unglück zu sühnen, wir können es ebenso wenig, um unsere Anstalt für die Zukunft vor ähnlichen Schlägen sicherzustellen. Wir können es nicht, um unseren schuldbeladenen Schüler für den demoralisierenden Einfluss, den er auf seine Klassengenossen ausübt, zu züchtigen; wir können es zu allerletzt, um ihn zu verhindern, den nämlichen Einfluss auf seine übrigen Klassengenossen auszuüben. Wir können es – und der, meine Herren, möchte der schwerwiegendste sein – aus dem jeden Einwand niederschlagenden Grund nicht, weil wir unsere Anstalt vor den Verheerungen einer Selbstmordepidemie zu schützen haben, wie sie bereits an verschiedenen Gymnasien zum Ausbruch gelangt und bis heute allen Mitteln, den Gymnasiasten an seine durch seine Heranbildung zum Gebildeten gebildeten Existenzbedingungen zu fesseln, gespottet hat. – – Sollte einer der Herren noch etwas zu bemerken haben?

KNÜPPELDICK Ich kann mich nicht länger der Überzeugung verschließen, dass es endlich an der Zeit wäre, irgendwo ein Fenster zu öffnen.

ZUNGENSCHLAG Es he-herrscht hier eine A-A-Atmosphäre wie in unterirdischen Kata-Katakomben, wie in den A-Aktensälen des weiland Wetzlarer Ka-Ka-Ka-Ka-Kammergerichtes.

SONNENSTICH Habebald!

HABEBALD Befehlen, Herr Rektor!

SONNENSTICH Öffnen Sie ein Fenster! Wir haben Gott sei Dank Atmosphäre genug draußen. – Sollte einer der Herren noch etwas zu bemerken haben?

FLIEGENTOD Wenn meine Herren Kollegen ein Fenster öffnen lassen wollen, so habe ich meinerseits nichts dagegen einzuwenden. Nur möchte ich bitten, das Fenster nicht gerade hinter meinem Rücken öffnen lassen zu wollen!

SONNENSTICH Habebald!

HABEBALD Befehlen, Herr Rektor!

SONNENSTICH Öffnen Sie das andere Fenster! – Sollte einer der Herren noch etwas zu bemerken haben?

HUNGERGURT Ohne die Kontroverse meinerseits belasten zu wollen, möchte ich an die Tatsache erinnern, dass das andere Fenster seit den Herbstferien zugemauert ist.

SONNENSTICH Habebald!

HABEBALD Befehlen, Herr Rektor!

SONNENSTICH Lassen Sie das eine Fenster gleichfalls geschlossen! – Ich meinerseits hege die Überzeugung, dass die Atmosphäre nichts zu wünschen übrig lässt! – Sollte einer der Herren noch etwas zu bemerken haben? – – Meine Herren! – Setzen wir den Fall, dass wir die Relegation unseres schuldbeladenen Schülers bei einem hohen Kultusministerium zu beantragen unterlassen, so wird uns ein hohes Kultusministerium für das hereingebrochene Unglück verantwortlich machen. Von den verschiedenen von der Selbstmord-Epidemie heimgesuchten Gymnasien sind diejenigen, in denen fünfundzwanzig Prozent den Verheerungen zum Opfer gefallen, von einem hohen Kultusministerium suspendiert worden. Vor diesem erschütterndsten Schlag unserer Anstalt zu bewahren ist unsere Pflicht als Hüter und Bewahrer unsere Anstalt. Es schmerzt uns tief, meine Herren Kollegen, dass wir die sonstige Qualifikation unseres schuldbeladenen Schülers als mildernden Umstand gelten zu lassen nicht in der Lage sind. Ein nachsichtiges Verfahren, das sich unserem schuldbeladenen Schüler gegenüber rechtfertigen ließe, ließe sich in der zurzeit in denkbar bedenklichster Weise gefährdeten Existenz unserer Anstalt nicht rechtfertigen. Wir sehen uns in die Notwendigkeit versetzt, den Schuldbeladenen zu richten, um nicht als die Schuldlosen gerichtet zu werden. – Habebald!

HABEBALD Befehlen, Herr Rektor!

SONNENSTICH Führen Sie ihn herauf!

(Habebald ab)

Karikatur ✪ Wedekind karikiert das Lehrerkollegium u. a. durch Namen wie Sonnenstich oder Zungenschlag, eine gestelzte Sprache und überzogene Dialoge. Der Originaltext scheint die heutige Situation an Schulen nicht mehr ganz zu treffen. Versuchen Sie, eine zeitgemäßere, ans Absurde grenzende Charakterisierung des Lehrerkollegiums vorzunehmen. Dabei können Sie sich an das Original anlehnen oder fremde Texte zu Hilfe nehmen.

Tipp Sie können bei der Charakterisierung des Lehrerkollegiums den Sprachanteil fast vollständig weglassen und z. B. mit Bewegungen arbeiten, die das Normale übersteigern.
Überlegen Sie bei der Kürzung des Dialogs genau, worauf es Ihnen in diesem Teil der Szene ankommt, und nehmen Sie dementsprechende Streichungen vor.

Frühlingserwachen!

Eine Collage über das Erwachsenwerden nach Frank Wedekind

von Susanne Oehmsen

KONZEPTIONELLE IDEE Erstaunlicherweise ist „Aufklärung“ im Sinne einer sexuellen Aufklärung auch gut 100 Jahre nach Erscheinen von „Frühlingserwachen“ ein Thema, das Jugendliche nach wie vor beschäftigt. In der Öffentlichkeit wird stets von einer aufgeklärten Jugend gesprochen, da Sex vor allem über die Medien allgegenwärtig ist. Tatsache ist jedoch, dass dabei häufig nur die Oberfläche unkritisch hingenommen wird, eine wirkliche Auseinandersetzung mit Themen wie dem Umgang mit Beziehungen, Liebe, Trennung, Schwangerschaft jedoch meist in den Familien gar nicht stattfindet. Die Jugendlichen stehen mit ihren Problemen allein, weil es zunehmend an Gesprächspartnern fehlt. .... Dieser Ansatz kann Grundgedanke eines Inszenierungskonzepts werden. Die existenzbedrohenden Ängste der Jugendlichen sowie eine nach außen repräsentierte Harmonie und die fehlende Kommunikation der Figuren untereinander, die letztlich zur Katastrophe führt, können deutlich werden. .... Diese Idee kann sich u.a. im Bühnenaufbau ➔ Raum/Bühne S. 35 widerspiegeln: Die Eltern könnten die gesamte Aufführung über auf zwei Podesten rechts und links vor der Bühne sitzen und den Jugendlichen – selbst im Dialog mit ihnen – überwiegend den Rücken kehren. Das Spielfeld der Jugendlichen ist ausschließlich auf die Bühne beschränkt. Zwischen beiden Welten gibt es keine Durchlässigkeit . ... Da Wedekind für die Figuren der Eltern relativ wenig Text vorgesehen hat, kann man dieser Gruppe zusätzliche Texte in den Mund legen, um den Aspekt der fehlenden Verständigung sowie den

„Sag' mir, Fanny, wo sollen wir hin, mit den Jungen?“

der Scheinharmonie zu unterstreichen. .... Die Spieler der Eltern könnten gleichzeitig die Rolle der Lehrer übernehmen. Die Gruppe der „Autoritäten“ wäre auf diese Weise sehr eng miteinander verzahnt.

Figuren entwickeln ✪ **1.** Recherchieren Sie die Rolle der gesellschaftlichen Autoritäten wie Eltern und Lehrern im ausgehenden 19. Jahrhundert und vergleichen Sie sie mit heute. ✪ **2.** In Ihrer Gruppe müssen 6 Schüler die Rollen von Eltern übernehmen. Außer Frau Bergmann (Wendlas Mutter), Herrn und Frau Gabor (Melchiors Eltern) und dem Ehepaar Stiefel (Moritz' Eltern) müsste noch mindestens eine weitere Elternfigur gefunden werden. Welche erscheint Ihnen sinnvoll? ✪ **3.** Vor allem Moritz' Eltern, hier besonders die Mutter, haben wenig bis gar keinen Text. Überlegen Sie, welche Charakterzüge Ihnen an diesen Figuren wichtig sind, und notieren Sie sie. ✪ **4.** Charakterisieren Sie die übrigen Elternfiguren, und suchen Sie nach Leerstellen, in denen Sie Aspekte einfügen möchten, die Ihrer Ansicht nach für die jeweilige Figur wichtig sind. ✪ **5.** Suchen Sie aus anderen Dramen, Gedichten, Erzählungen, Romanen oder Songtexten Passagen heraus, die die jeweiligen Elternfiguren zusätzlich charakterisieren könnten.

Because the world is round, it makes me smile.

Tipp In einem Prolog können Figuren wie etwa im Theater von Bertolt Brecht vorgestellt und durch eine typische Haltung und/oder einen Satz charakterisiert werden.

DER WEG ZUR INSZENIERUNG Um die Grundidee des Konzepts für die Zuschauer verständlich darzustellen, kann man den wesentlichen Problemen und Themen des Stückes über Bilder näherkommen. So bietet es sich für dieses Stück an, z. B. Bilder zum Thema „oberflächliche Harmonie und unterschwellige Probleme" zu erarbeiten. Das kann in verschiedenen Standbildern geschehen, was den Vorteil hat, dass sich die Spieler durch Körperhaltung und Mimik, also in der größtmöglichen Reduzierung, bereits auf das Wesentliche konzentrieren und tatsächlich eine Haltung zu dem Thema entwickeln. Eine andere Möglichkeit ist die Entwicklung von Miniszenen mit der Vorgabe, dass diese keinesfalls mehr als 4–6 Wörter umfassen dürfen. Auch bei diesem Vorgehen konzentrieren sich die Spieler auf das Wesentliche, da sie klare, eindeutige Bewegungen finden müssen und sich nicht hinter einem Text verstecken können.

Standbild **1.** Erstellen Sie ein Standbild zu dem Thema „Eine zur Schau gestellte die unterschwelligen Probleme zudeckende Familienharmonie". **2.** Entwerfen Sie in Vierer- und Fünfergruppen je eine Miniszene, die nicht mehr als 4–6 Wörter umfasst. **3.** Stellen Sie Ihre Ergebnisse nacheinander vor und beschreiben Sie genau: Was ist zu sehen? Welche Wirkung hat es? Welche Informationen über die Figuren erhalten Sie und mit Hilfe welcher theatralen Mittel? **4.** Überprüfen Sie, welche andere Idee Sie Ihrer Inszenierung zu Grunde legen wollen. Denkbar wäre z. B. der Leistungsdruck auf Jugendliche, und erstellen Sie in Vierer- und Fünfergruppen je eine Miniszene zu diesem Thema, die nicht mehr als 4–6 Wörter umfasst.

Come away with me in the night.

ROLLENVERTEILUNG UND INNERE HALTUNG DER FIGUREN Da das Stück keine ausgewiesenen Hauptrollen aufweist, lässt sich eine Rollenverteilung relativ problemlos vornehmen. Aus der Vorbereitungsphase (Standbilder, Miniszenen) bzw. aus dem Alter und Habitus der Spieler ergibt sich, wer die Rollen der Erwachsenen und wer die der Jugendlichen übernimmt. Mit Ausnahme von Wendla, Melchior und Moritz können die meisten Schülerrollen neu gefunden, zusammengestrichen oder erweitert werden. Sinnvoll dabei ist, dass sich die Spieler aus dem Textmaterial ihre eigene Figur zusammensuchen, ihr einen Charakter und eine Biografie geben und diese vor der Gruppe verteidigen können. .... Möglich ist auch das sogenannte Figurensplitting; d. h. man teilt eine Figur und ihren Text in zwei oder mehrere Figuren auf, um die verschiedenen Anteile ihrer Persönlichkeit deutlich zu machen. .... Sobald ein Spieler seine Figur kennt, ist sein Auftreten auf der Bühne motiviert, weil er weiß, woher er gerade kommt und wohin er beim Abgehen von der Bühne geht. Private Gesten und Bewegungen, die ein Bild/eine Szene zerstören, weil sie nicht hineinpassen, können damit weitgehend unterbunden werden.

Rollenbiografie ✪ **1.** Verteilen Sie den Text aus dem I. Akt, 3. Szene auf acht Spieler, sodass eine schlüssige Szene entsteht. Geben Sie jeder der neu gefundenen Figuren einen Namen und schreiben Sie eine kurze Rollenbiografie. ✪ **2.** Teilen Sie die Figur der Ilse (II. Akt, 7. Szene) in zwei Figuren auf. Überlegen Sie, was die jeweiligen Figuren voneinander unterscheidet und welche Textpassagen ihnen zuzuordnen sind.

Tipp Weitere Szenen, in denen der Text auf verschiedene Figuren verteilt werden kann:

- I. Akt, 4. Szene (vorläufige Versetzung Moritz')
- III. Akt, 2. Szene (Beerdigung von Moritz)
- III. Akt, 4. Szene (in der Korrektionsanstalt)

AUFBAU UND SZENENABFOLGE Die drei Akte in Wedekinds Drama werden aufgelöst. In der Mischung mit den neu gefundenen Szenen ergibt sich eine neue Szenenfolge, der ein kurzer, die Grundidee zusammenfassender Prolog vorangestellt werden könnte. .... Ziel ist ein durchgehender Spielfluss, der nicht durch „Blacks" (plötzliches Ausschalten der gesamten Bühnenbeleuchtung) unterbrochen werden soll. Ausnahme ist der Selbstmord Moritz', nach dem Schuss müsste eine Zäsur erfolgen. .... Die Szenen sollen sich sinnvoll auseinander ergeben und Umbauten auf der Bühne möglichst in die Handlung integriert werden. .... Hilfreich ist hier die Unterteilung in Erwachsenenwelt (Podeste vor der Bühne) und Welt der Jugendlichen (Bühne). ➔ Raum/Bühne S. 35

Dramaturgie ✪ **1.** Legen Sie die Szenen aus dem Original fest, die Sie übernehmen wollen, und überlegen Sie, welche zusätzlichen Szenen eingefügt werden sollen. ✪ **2.** Erstellen Sie aus den ausgewählten Originalszenen und den hinzugefügten Szenen eine vorläufige Reihenfolge, spielen Sie diese mehrfach durch und überprüfen Sie, ob sich ein – für nicht Eingeweihte – stimmiger Handlungsablauf ergibt. ***Alternative*** ✪ Spielen Sie zuerst nur die Szenen, die Sie aus dem Original übernehmen wollen. Spielen Sie dann die neu gefundenen Szenen und fügen Sie sie dann den anderen hinzu.

„Es ist Zeit, mit Entschiedenheit zu Werke zu gehen, Fanny!“

Die Mittel

RAUM/BÜHNE In Bezug auf die Gestaltung des Bühnenraums konzentriert sich die Inszenierung im Wesentlichen auf Vorhänge und Stühle. Das Helle, Unschuldige, Hoffnungsvolle in der Welt der Jugendlichen (Bühne) kann durch weiße Nesselvorhänge symbolisiert werden, die nach dem Selbstmord von Moritz weggezogen werden und den Blick auf eine schwarz ausgekleidete Bühne freigeben. Stühle, die in den jeweiligen Szenen mitgebracht werden, stellen das Klassenzimmer oder auch ein Wartezimmer dar, eine leere Bühne kann ein Heuboden o. Ä. sein. Zwei schwarze Holzpodeste rechts und links vor der Bühne mit 3 bzw. 4 Stühlen repräsentieren die Erwachsenenwelt. **ALTERNATIVE** Fotos von Gesichtern (Wendlas, Melchiors oder Moritz') oder Fotos von Räumen (Klassenraum o. Ä.) können über einen Beamer auf den Bühnenhintergrund projiziert werden.

Tipp Mit Kästen aus Styroporplatten oder festen Holzkisten lassen sich Bühnenbilder problemlos variieren. Sie können unterschiedlich aufgebaut werden und mit Hilfe von Tüchern oder unterschiedlichen Farben z. B. eine Landschaft, ein Tisch, ein Bett o. Ä. darstellen.

Bühnenbild Teilen Sie Ihren Kurs in Gruppe A, B und C ein. Gruppe A entwirft ein Bühnenbild für den I. Akt, Gruppe B für den II. Akt und Gruppe C für den III. Akt. Reduzieren Sie das jeweilige Bühnenbild auf wenige, vielseitig verwendbare Elemente (z. B. Stoffe).

LICHT Scheinwerfer für die Figuren auf den Podesten und für das Geschehen auf der Bühne sorgen für einen fließenden Lichtwechsel zwischen den Szenen. Wichtig ist außerdem ein Verfolgungsscheinwerfer. Er fokussiert einzelne Erwachsene auf den Podesten oder dient in der Liebesszene zwischen Wendla und Melchior als einzige, sich zunehmend verengende Lichtquelle und verstärkt so den Eindruck des Intimen. .... In ähnlicher Weise begrenzt er das Geschehen in der Friedhofsszene. Er hält Melchior in dem Moment fest, als Moritz' Hand in den Lichtkreis tritt. Wenn z. B. Ilse, die als Personifikation des Lebens die Stelle des vermummten Herrn einnehmen kann, ebenfalls in diesen Lichtkreis tritt, erhält die Szene einerseits etwas Unwirkliches, andererseits fokussiert sie Melchiors Konflikt. ➔ Licht S.18

Lichtkonzeption ✪ **1.** Erstellen Sie einen Lichtplan für ihre Inszenierung, indem Sie zu jeder Szene die entsprechende Lichteinstellung notieren. ✪ **2.** Beleuchten Sie den III. Akt, 1. Szene (Lehrerzimmer-Szene). Achten Sie darauf, dass das Absurde dieser Szene durch das Licht unterstrichen wird. ✪ **3.** Verdeutlichen Sie über das Licht die unterschiedlichen Stimmungen im II. Akt, 7. Szene (Moritz' Selbstmordabsichten, Ilses Auftritt, der Selbstmord).

Tipp Außer traditionellen Scheinwerfern bieten auch andere Lichtquellen eine Reihe von Effekten:

- Taschenlampen (z. B. direkt unters Gesicht gehalten)
- Overhead-Projektoren
- Leuchtstäbe
- Lichterketten

„Ich bin versetzt worden! Zwanzigmal hab' ich' s gelesen."

MUSIK UND GERÄUSCHE Stimmungen in wortlosen Szenen (z. B. Standbilder im Prolog) oder in Szenen mit sehr wenig Text können durch eine entsprechende Musik verstärkt werden. Möglich ist auch, eine Figur über ein Lied zu charakterisieren, das diese eventuell selbst a cappella singt (so könnte z. B. Hildegard Knefs „Für mich soll's rote Rosen regnen" als Leitmotiv für Ilse dienen). ➔ Musik S. 20
.... In den Schülerszenen ließe sich ein Klangteppich über das von jedem Spieler individuell gestaltete Aufsagen von Unterrichtsfächern („Mathe", „Latein" usw.) entwickeln.

Experimente mit Musik, Klang und Geräuschen

✪ **1.** Suchen Sie sich ein Stück aus der klassische Musikliteratur, einen Soul-Titel sowie ein romantisches Liebeslied aus und überprüfen Sie, welche Wirkung die jeweilige Musik auf die Szene zwischen Melchior und Wendla (II. Akt, 4. Szene) hat. ✪ **2.** Unterlegen Sie den III. Akt, 2. Szene (Moritz' Beerdigung) mit unterschiedlichen Geräuschen (z. B. Stimmen der Spieler, Schlaginstrumente oder Gefäße, in denen Sie Sand, Perlen, Pfefferkörner o. Ä. bewegen). Diskutieren Sie die Wirkung.

CROSSING

»Gibt es Liebe auf den ersten Blick? Heißt die Antwort ja?“

REQUISIT Die Inszenierung sollte sich auf nur wenige, ausgesuchte Requisiten beschränken. Neben den bereits erwähnten Stühlen ➔ Raum/Bühne S. 35 ist tatsächlich nur noch eine Schreckschusspistole für Moritz notwendig. Möglich ist es jedoch auch, die Erwachsenen durch unterschiedliche Requisiten mal als Eltern und mal als Lehrerkollegium ➔ Rollenverteilung und innere Haltung S. 33 zu charakterisieren. Ähnliches kann auch bei den Schülern vorgenommen werden. Jeder Schüler kann durch ein spezielles Requisit eine Individualität bekommen, andererseits können Schüler durch das gleiche Requisit (z. B. Schnellhefter, Taschen o. Ä.) als Gruppe kenntlich gemacht werden. .... Bestimmte Orte, wie z. B. das Klassenzimmer, das Konferenzzimmer oder der Friedhof, können ebenfalls durch ein Requisit angedeutet werden.

Charakterisierung durch Requisit ✪ **1.** Deuten Sie mit maximal zwei Requisiten die Friedhofszene (III. Akt, 7. Szene) an. ✪ **2.** Suchen Sie verschiedene Requisiten, die Frau Bergmann charakterisieren könnten. ✪ **3.** Überlegen Sie sich ein die Gruppe der Lehrer kennzeichnendes Requisit.

KOSTÜME Die Wahl der Kostüme ist getragen von der Überlegung, dass die Problematik des Stückes noch immer aktuell ist ➔ Konzeptionelle Idee S. 30, eine eindeutige Festlegung über ausschließlich moderne Kleidung sollte dennoch vermieden werden. Sinnvoll ist es in diesem Fall, Kostüme zu suchen, die sowohl auf das ausgehende 19. Jahrhundert als auch auf die heutige Zeit verweisen. Für die Jugendlichen bieten sich hier z. B. weiße Kniestrümpfe zu knielangen Hosen bzw. knielangen Röcken an (eine Ausnahme könnte die Figur der Ilse sein). .... Die Erwachsenen sollten ebenfalls zeitlose, aber konservative Kostüme tragen.

Charakterisierung durch Kostüm **1.** Probieren Sie für das Kostüm der Frau Gabor folgende Möglichkeiten aus: hochhackige Pumps, Birkenstock-Sandalen, Turnschuhe, Gummistiefel. **2.** Lassen Sie die Spielerin in den jeweiligen Schuhen gehen und einen Satz aus ihrem Text sprechen. Überprüfen Sie: Wie wirkt die Spielerin? Welche Schuhe passen am ehesten zu dem Charakter, den sich Ihre Gruppe vorgestellt hat?

Tipp Verschiedene Schuharten beeinflussen den Gang und die Art der Bewegung. Versuchen Sie möglichst früh Schuhe für die jeweiligen Charaktere auszusuchen und in ihnen zu proben. Ähnlich ist es mit den Kostümen. In einem engen Rock bewegt man sich anders als in einer Jogginghose.

MATERIAL

Adam und Eva im Paradies

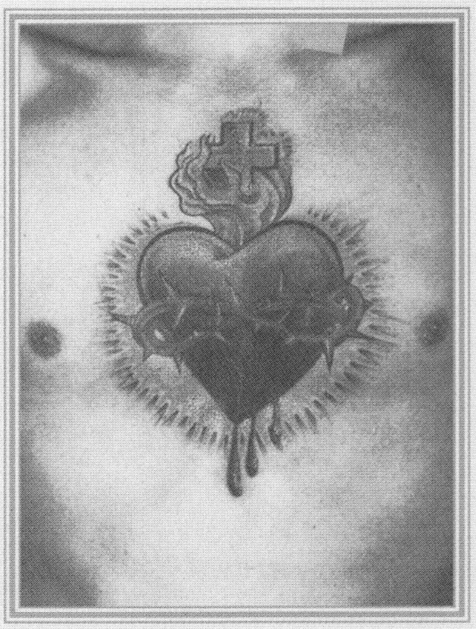

oben: Das gefangene Herz
links: Der Keuschheitsgürtel, 1789

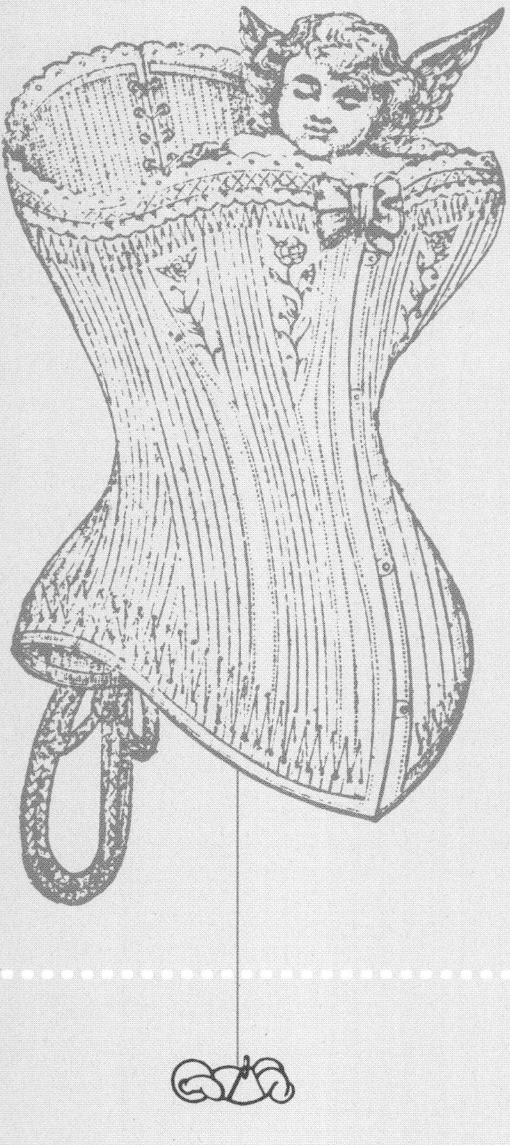

MATERIAL

1. Niemals in Verboten denken

[...]

ARZT Und deine Familie ist auch nicht Mitglied der Freien Evangelischen Gemeinde, da müssen wir nicht aufpassen. Jede und jeder soll es machen dürfen, also auch du, Dora. Du weißt ja schon, wie es geht, da brauche ich dir also nichts zu erklären, glaube ich, aber wenn du Fragen hast, dann bitte ich: Komm zu mir. Ja. Manchmal ist es schwierig, damit zur Mutter zu gehen, mit gewissen Fragen, wenn es zu persönlich wird, zu intim. Also. Um was geht es mir. Wie bei allen Dingen gibt es in der Liebe einige Regeln zu beachten, gerade heute, in diesen freien Zeiten, geht es ohne Regeln nicht. Das geht allen Menschen so, sogar ich brauche Regeln, an die ich mich halten kann. Man würde sich sonst in der freien weiten Welt verlieren, ich sehe das ja täglich, was mit Menschen geschieht, die keinen Kompass in sich haben, sei es, weil sie Autoritätsprobleme haben, sei es, weil sie glauben, sie würden davon zu sehr in ihrer Freiheit eingeschränkt. Eingeschränkt. Das Gegenteil ist der Fall. Ohne Regeln, ohne Kompass ist der Mensch eingeschränkt, weil diese arme Kreatur nicht weiß, nach was sie sich richten, wohin, ja, wohin sie sich wenden soll. Es geht eben gerade nicht um Verbote, bestimmt nicht, Dora, merk dir das, niemals darf man in amourösen Belangen in seinem Kopf Verbote dulden. Amourös kommt übrigens aus dem Französischen und bedeutet: die Liebe betreffend. Also: niemals in Verboten denken! Niemals: Das darf man nicht, das gehört sich nicht, undsoweiter, und sich deswegen etwas verbieten. Wenn du in eine Situation kommen solltest, in irgendeine, und du weißt nicht, soll ich, soll ich nicht, und eine Stimme in deinem Innern ruft: Das darf man nicht, lass das bleiben, dann: Achtung! Dann: Aufpassen! Dann: Alarm! Dieses Man, das ist das Falscheste, was es in der Liebe überhaupt gibt! Vor allen anderen Dingen muss man sich vor diesem Man hüten! Und weißt du warum? Weil das fremde Stimmen sind, dieses Man darf nicht behaupten, die Stimmen der Moral, ja, und wenn es in der Liebe denn überhaupt eine Moral geben darf, dann nur deine eigene, Dora. Nur eine Moral: Doras Moral. Nur eine Stimme stimmt: Doras Stimme. .... Stell dich ans Fenster, Dora komm,

komm her zu mir, schau hinunter auf die Straße, los, sieh dir die Gesichter der Menschen an, ich sage dir: Jedem einzelnen siehst du an, wessen Stimme er folgt, ob seiner, ob einer fremden......... Der da mit Hund und Mantel: fremde Stimme. Die da mit Kind und Schirm: fremde Stimme. Diese Touristen mit Fotoapparat und Reiseführer: einezweidreivierfünfsechssiebenachtneunzehnelfzwölfunddreizehn fremde Stimmen, wenn wir still sind, können wir sie bis zu uns hinauf hören. *Pause*

Gut, aber andere stört es eben. Bei der Partnerwahl bist du prinzipiell frei. Nimm, was du willst. Allerdings muss er auch wollen, aber das ist ja klar. .... Sogar eine Frau kannst du nehmen, das Alter ist ganz unwichtig. Nein, halt, natürlich nicht, du darfst nicht mit Kindern, Dora, niemals mit Kindern, das ist ebenso wichtig, wie das mit den öffentlichen Plätzen, wahrscheinlich noch wichtiger. Jedenfalls ist es ebenfalls strafbar. Und ich würde keinen Verheirateten nehmen. Bringt nur Scherereien, obwohl es nicht strafbar ist und einige Leute gerade darin einen Reiz sehen, nicht ganz zu Unrecht, das will ich zugeben, Fortgeschrittene in diesen Angelegenheiten mögen sich das leisten, denn die amouröse Verstrickung mit einer verheirateten Frau ist mit einigem Aufwand verbunden, organisatorischem und finanziellem. Ist also nichts für dich, momentan. Und auch bei der Menge gibt es keine Gesetze, theoretisch, da bist du offen. Aber auch hier gilt: Allzu viel ist ungesund. Also nicht mehr, als, sagen wir, zwei auf einmal, und nicht öfter als wöchentlich, oder besser, nicht öfter als monatlich, den Partner wechseln. So. Da ist doch jetzt einiges zusammengekommen. Kannst du dir das merken.

DORA Ja.

ARZT Also.

Er reicht ihr eine Pille.

Davon nimmst du jetzt gleich eine. Und dann immer morgens eine, jeden Tag, und nach einundzwanzig Tagen machst du eine Pause. Deine Mutter wird dir zeigen, wie es funktioniert.

MATERIAL

2. Du bekommst keine Liebesbriefe mehr

Jeden Morgen holst du dir Botschaften von vier verschiedenen Stellen: vom Anrufbeantworter in deiner Wohnung und dem in deinem Büro, von der Mailbox deines Handys und vom Server deines iMac. Nur in deinem Briefkasten herrscht gähnende Leere. Du bekommst keine Liebesbriefe mehr. Nie wieder wirst du Blätter entfalten mit scheuer Schönschrift, tränendurchnässt und nach Liebe duftend, mit der sorgsam geschriebenen Adresse auf dem Umschlag und einer Mitteilung an den Postboten: „Lieber Briefträger, zaudre nicht viel und bring diese wichtige Botschaft schnell an ihr ersehntes Ziel…“ Die Menschen nehmen sich das Leben, weil sie nur noch Werbung kriegen von der Post.

3. Helge ist allein

Alle weg. Nora tobt irgendwo am Meer rum und wird wahrscheinlich Haschisch rauchen und Lieder zur Gitarre singen. Ich weiß gar nicht, was Leute wie sie heute singen. Talking Heads und Kate Bush wohl nicht. Ich weiß nicht, wie die Leute heute auf der Gitarre Techno-Stücke spielen und dazu singen. Aber wirklich nicht. .... Vera ist irgendwo. Und ich habe meinen freien Tag und bin alleine. Ich habe erst mal geschlafen, bis abends, versteht sich. Bis dahin alles gut. Ich dann so in der leeren Wohnung rumgetigert und mir gedacht, so, jetzt machen wir's uns mal nett. Und dann fiel mir nix mehr ein. Und gleich kommt die Nacht. Nur noch ein bisschen Licht ist da. Ganz blau, und wenn ich mich noch ein Stück weiter aus dem Fenster beuge, fall ich raus. Das würde nicht groß was machen, weil die Luft so dick ist, wie etwas, das gar nicht lebt und gar nicht wehtun kann. Die Vögel sind am Wahnsinn. Ganz schnell singen sie, damit sie zu Ende kommen, ehe es dunkel

wird. Dann müssen sie ruhig sein, dann ist es dunkel, und die Luft ist so Fleisch, dass die Vögel sich ganz schön anstrengen müssen da durch. Da ist etwas, was sie verrückt macht, mich verrückt macht, und keines weiß, worum es geht. Vielleicht ist es die Nacht. Da draußen, vor meinem Fenster. Die atmet aus, die Nacht. Haucht mich an. Ganz warm. Ich bin allein, an meinem Fenster, am Rande der Nacht und hätte so gern wen, dem ich was sagen kann. Und keiner da, nur ich laufe rum, in meinem Zimmer. Und kann nicht sitzen. Schlafen auch nicht, oder denken. Zu sehr warm, zu laut die Vögel, und draußen in der Stadt wartet irgendetwas auf mich. Wenn ich rausgehe, werde ich es suchen. [...]

4. Die Männer wollen nur eins

MUTTER Was ich dir sagen wollte.

OLGA Nein.

MUTTER Du bist dann bald eine ausgewachsene Frau.

OLGA Mama. Ich will dieses Gespräch nicht führen.

MUTTER Aber ich will dieses Gespräch führen, das ist wichtig für mich als Mutter, dir das zu sagen, und für dich als Tochter ist es noch wichtiger, dass du dir das anhörst. Ich sage es nur einmal. Von einer Frau zur anderen.

OLGA Ich weiß es.

MUTTER Die Männer wollen zunächst mal nur eins.

OLGA Ja. Mich.

MUTTER Was?

OLGA Alle Männer wollen nur mich. Deshalb heißts Obacht geben, weil der Mann schon wenn ich ihn nur anschau, die Hosen runterlässt und mich bespringt. Das geht schneller als ich gucken kann. Ich habe dieses Gespräch schon geführt. Und zwar mit Papa.

MUTTER So. Ich werd dir aber was andres sagen. Zum einen bist du recht mager, und alle Männer werden dich nicht wollen. Aber wenn du dich bespringen lässt, und ich hoff, du lässt dir nichts entgehen, mager wie du bist, dann musst du vorbereitet sein. Und dazu ist ein Gespräch nötig, von einer Frau zur anderen, weil du sonst mit einem Kind dasitzt, und das wünscht sich keiner und kostet was und zwar in diesem Falle uns. *(Beide ab)*

5. Der Mühe nicht wert

[...]

MUTTER Und ? Erzähl mir was.

VATER Hm.

MUTTER Was du heute erlebt hast.

VATER Nichts.

MUTTER Was nichts? Du musst was erlebt haben.

VATER Nein.

MUTTER Immer hattest du was zu erzählen, früher. Du bist draußen, da erlebt man was.

VATER Erzähl doch du was.

MUTTER Du gibst dir keine Mühe mehr. Es ist dir die Mühe nicht mehr wert. [...]

Dante Alighieri

Göttliche Komödie, Das Inferno

»Lasst jede Hoffnung, wenn ihr eingetreten!«

DAS IST KEIN THEATERTEXT! ABER EINE FASZINIERENDE, WENN AUCH SCHWIERIGE VORLAGE FÜR EIN THEATERPROJEKT. IN SEINER „GÖTTLICHEN KOMÖDIE" („DIVINA COMMEDIA"), ZU BEGINN DES 14. JAHRHUNDERTS ENTSTANDEN, SCHILDERT DER AUTOR, DER ALS ERZÄHLER UND HAUPTFIGUR SELBST IN SEINEM WERK AUFTRITT, EINE IMAGINÄRE REISE INS JENSEITS, IN DEM SICH GEGENWART UND VERGANGENHEIT SEINER EIGENEN WELT SPIEGELN.

Göttliche Komödie, Teil 1 — Das Inferno

Der Inhalt

Seinen Glaubensgrundsätzen folgend, durchwandert Dante an drei Tagen nacheinander die drei Bereiche der jenseitigen Welt: die Hölle (Inferno), das Fegefeuer und das Paradies, begleitet und geführt, zunächst vom römischen Dichter Vergil, seinem dichterischen Vorbild, und später von Beatrice, der Geliebten seiner Jugendzeit, die hier eine madonnenhafte Verklärung erfährt. .... Das nach den Regeln einer symbolischen Arithmetik (3 und 9 sind die zentralen Ziffern) durchkomponierte Werk entwirft eine Topografie des Jenseits, schildert die drei Bereiche realistisch und bevölkert sie mit Figuren aus der Mythologie, der Geschichte, aber auch aus Dantes Gegenwart und weist ihnen einen gebührenden Platz zu. Dantes Zuweisungskriterien folgen aristotelischer Ethik, christlichen Moralvorstellungen und auch subjektiven Einschätzungen. .... Das Theaterprojekt beschränkt sich auf den ersten Bereich, das Inferno, den mit Abstand anschaulichsten Teil der „Göttlichen Komödie". Dantes Vision: In einem gewaltigen Krater bereist er mit Vergil neun Höllenkreise und trifft dort auf Sünder. Sie alle erleiden Strafen, die auf „logische" Weise ihre irdischen Vergehen pervertieren. Ein Beispiel: Die Maßlosen werden von einem Sturmwind umhergeschleudert – ohne Ende. Diese Hölle und diese Strafen darzustellen, ist schwierig und zwingt zur Suche nach ungewöhnlichen Theaterformen.

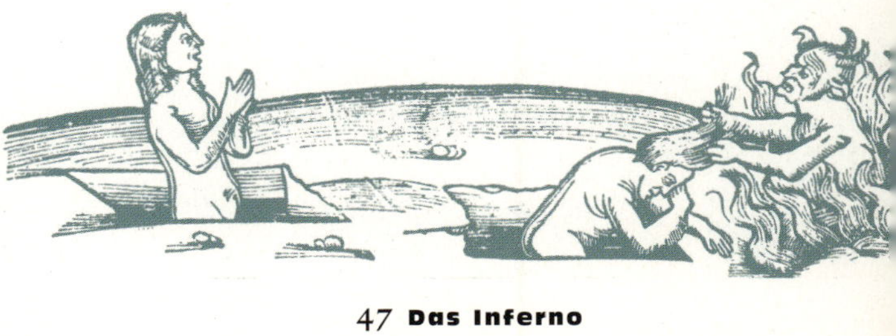

Dante Alighieri
Der Autor

1265, Florenz .... 1321,Ravenna Die Familie von Dante Alighieri gehört dem niederen Stadtadel von Florenz an, der sich zu einer republikanischen Partei bekennt. Der junge Dante führt das Leben eines städtischen Edelmannes, der sich dem Studium der Wissenschaften und dem Kriegshandwerk widmet. Über seinen Werdegang ist wenig bekannt, man weiß nur, dass Philosophen wie Guido Cavalcanti und Brunetto Latini zu seinen Lehrern gehörten. Sein Werk belegt eine umfassende humanistische Bildung. .... Schon früh nimmt Dante aktiv am politischen Leben des Stadtstaates teil, kommt später in die Exekutive und wird 1300 für kurze Zeit Prior (Bürgermeister) der Stadt. Ein Parteienstreit führt dazu, dass Dante wieder abgesetzt, für zwei Jahre aus der Stadt verbannt und später in Abwesenheit zum Tod verurteilt wird; dieses Urteil wird schließlich erneuert und auf die ganze Familie ausgedehnt. Dante kehrt nie mehr nach Florenz zurück. Er stirbt im Exil. .... Entscheidendes Datum für Dantes persönliche Entwicklung ist die frühe Begegnung mit Beatrice Portinari, einem Mädchen aus der Nachbarschaft, die Dante heiß verehrt und die von ihm zu einer geistigen Führerin mit madonnenhaften Zügen gemacht wird. Diese Verklärung Beatrices ist auch das Hauptmotiv für Dantes „Vita Nova“, eine Mischung aus Autobiographie und Liebesgedichten, die in Italien einen neuen Stil begründen, der unter dem Namen „Dolce Stil novo“ in die Literaturgeschichte eingegangen ist.

Sandro Botticelli, Dante Alighieri (Collection privée, Genève)

Göttliche Komödie
Das Werk

Das Hauptwerk Dantes, die „Göttliche Komödie“, ist ein Versepos mit über 14.000 Versen. Die Tatsache, dass das Werk im Exil entstanden ist, erklärt auch, warum es in einzelnen Passagen zu einer Abrechnung mit Dantes politischen Gegnern kommt. Er weist Vertretern des Establishments aus Politik und Kirche einen Platz in der Hölle zu. Bei lebenden Zeitgenossen ist die Seele bereits

Sandro Botticelli, Der Höllenrichter, Inferno 8. Gesang. Staatliche Museen Berlin.

unter den Verdammten, der Körper ist noch „oben“ und wird stellvertretend von einem Teufel „bewohnt“. .... Viele der Verdammten, denen Dante auf seiner Reise durch die Hölle begegnet, sind Zeitgenossen, uns also unbekannt. Das macht die Lektüre manchmal schwierig, lädt aber auch dazu ein, das „Personal“ zu aktualisieren. Manchmal allerdings wird die Geschichte einer Figur aus Dantes Gegenwart so dicht und so ergreifend, dass man sie fast wörtlich in eine Theaterfassung übernehmen kann: So beispielsweise die Episode von Francesca da Rimini, die von ihrem Mann beim Ehebruch ertappt und umgebracht wird (5. Gesang, V. 121–138) oder die vom Grafen Ugolino (33. Gesang, V. 13–75), der mit seinen Söhnen den Hungertod erleiden muss. .... Die „Göttliche Komödie“ ist in fast alle Kultursprachen übersetzt worden; sie hat viele Maler zu bildlichen Darstellungen angeregt (Sandro Botticelli, Gustave Doré), es gibt Hörspielfassungen, Verfilmungen (u. a. Peter Greenaway) und musikalische Werke (Franz Liszt, Andreas Ammer). Viele einzelne Passagen sind auch als Theaterstücke bearbeitet worden.

ORIGINALTEXT

Dante Alighieri

Göttliche Komödie

Übersicht über den Aufbau des Infernos: Seite 64

1. Der Wald der Sünde: 1. Gesang

Grad in der Mitte unsrer Lebensreise
Befand ich mich in einem dunklen Walde,
Weil ich den rechten Weg verloren hatte. [...]
Wie ich hineinkam kann ich kaum berichten
So war ich schwer von Schlaf zu jener Stunde,
Da ich den wahren Weg verlassen hatte. [...]
Und siehe, beinah beim Beginn des Hanges
Erschien ein Panter, leicht und sehr behände,
Der war bedeckt mit einem bunten Felle. [...]
Das Bild des Löwen, der mir dann erschienen
Er schien gerade auf mich zuzukommen,
Das Haupt erhoben und mit gierigem Hunger,
Dass selbst die Luft vor ihm erbeben musste.
Und eine Wölfin kam, die schien beladen
In ihrer Magerkeit mit allen Lüsten
Und stürzte viele Menschen ins Verderben.

Symbolische Bedeutung ✪ Überlegen Sie, wie die Bedrohung durch die drei Tiere dargestellt werden könnte, damit auch die symbolische Bedeutung zum Ausdruck gebracht werden kann (Panter = Lust, Löwe = Stolz, Wolf = Geiz, Gier).

2. Das Höllentor: 3. Gesang

„Durch mich geht man hinein zur Stadt der Trauer,
Durch mich geht man hinein zum ewigen Schmerze,
Durch mich geht man zu dem verlornen Volke.
Gerechtigkeit trieb meinen hohen Schöpfer,
Geschaffen haben mich die Allmacht Gottes,
Die höchste Weisheit und die erste Liebe.
Vor mir ist kein geschaffen Ding gewesen,
Nur ewiges, und ich muss ewig dauern.
Lasst jede Hoffnung, wenn ihr eingetreten."
Die Worte sah ich dort in dunkler Farbe
Zu Häupten eines Tores angeschrieben.

Inschrift ✪ Muss die Inschrift des Höllentors unbedingt als Schrift erscheinen? Diskutieren und erproben Sie andere Möglichkeiten.

3. Minos, der Höllenrichter: 5. Gesang

So stieg ich nieder aus dem ersten Kreise
Zum zweiten, den ein kleinres Rund umgürtet
Und desto größern Schmerz, der spornt zum Klagen.
Dort stehet Minos schrecklich, zähnefletschend,
Er muss am Eingang alle Sünden prüfen,
Er richtet und befiehlt mit seinem Schweife.
Ich meine, wenn die unheilvolle Seele
Vor ihn getreten, muss sie alles beichten,
Dann kann der Kenner aller Sünden sehen,
An welchen Ort der Hölle sie gehöre. [...]
Und immer sieht man viele vor ihm stehen.

4. Im Zentrum der Hölle: Luzifer: 34. Gesang

Der Herrscher über jenes Reich der Schmerzen
Hob sich mit halber Brust dort aus dem Eise.
Ich mag wohl eher einem Riesen gleichen,
Als Riesen selbst an seinem Arm gemessen.
Stell dir nun vor, wie seine ganze Größe
Sein mag, die solchem Teile wird entsprechen. [...]
O wie sehr hab ich mich verwundern müssen,
Dass drei Gesichter an dem Kopf zu sehen,
Das eine vorn, das war von roter Farbe;
Dazu zwei andre, die daneben waren,
Genau inmitten jeder Schulter eines
Und sie vereinten oben sich am Schädel. [...]
In jedem Maul zermalmt' er einen Sünder
Mit seinen Zähnen, wie um Flachs zu brechen,
So dass er drei auf diese Weise quälte.
Dem vorderen war viel schlimmer als das Beißen
Der Krallen Griff, denn oftmals ist der Rücken
Von seiner ganzen Haut entblößt geblieben.
„Die Seele, die dabei am meisten leidet,
Ist Judas, der Verräter" sprach mein Meister.
Der Kopf ist drin, die Beine zappeln draußen."

Minos und Luzifer ✪ Sie haben nur Spieler zur Verfügung, keine Kostüme, keine Requisiten. Wie stellen Sie Minos (vgl. S. 51) und Luzifer dar?

5. Die Vergehen und die Formen der Bestrafung

Kuppler, von Teufeln gepeitscht: 18. Gesang

Und da und dort auf jenem dunklen Felsen
Sah ich gehörnte Teufel, die mit großen
Peitschen sie auf den Rücken grausam schlugen.
O wie sie ihre Fersen schleunig hoben
Beim ersten Streich. Und keiner mochte warten,
Bis er zum zweiten-, dritten Mal getroffen.

Wahrsager mit verdrehten Köpfen: 20. Gesang

Und ich sah Leute in dem stummen Graben,
Die kamen stumm und weinend so geschritten
Wie Prozessionen hier auf dieser Erde.
Und als ich meine Blicke tiefer senkte,
Da sah ich jeden zauberisch verwandelt.
Vom Kinn hinab bis zum Beginn des Rumpfes.
Zum Rücken nämlich standen die Gesichter,
Und alle mussten darum rückwärts gehen,
Weil sie nach vorwärts nicht mehr schauen konnten.

Heuchler, in vergoldeten Bleimänteln: 23. Gesang

Sie trugen Mäntel, die mit den Kapuzen
Die Augen deckten, nach dem gleichen Schnitte,
Wie sie die Cluniazensermönche tragen.
Vergoldet sind sie außen, dass es blendet,
Doch innen ganz von Blei [...]

Endlose Strafe ✪ Die Strafen bei Dante sind dadurch charakterisiert, dass sie nie aufhören. Suchen Sie eine theatergerechte Form, in der das Repetitive dieser Strafen umgesetzt werden kann.

6. Die Grausamkeit der Höllenstrafen: 28. Gesang

Wer könnte, selbst mit ungereimten Worten
Jemals erschöpfen all das Blut, die Wunden,
Die ich dort sah, auch wenn er oft erzählte.
Versagen würde wahrlich jede Zunge,
Es wäre unser Geist und unsre Sprache
Nicht groß genug, um alle zu umfassen. [...]
Ein Fass, das Spund und Dauben hat verloren,
Ist nicht so aufgerissen wie dort einer,
Der war zerschlitzt vom Kinn bis an die Lenden.
Zwischen den Beinen hing das Eingeweide,
Das Herz lag offen, nebst dem traurigen Sacke,
Der das, was man verzehrt, in Kot verwandelt. [...]
Ein andrer, dem die Gurgel aufgerissen
Und dem die Nase bis zur Wurzel fehlte
Und dem nur noch ein einziges Ohr geblieben [...]
Und einer, dem die beiden Hände fehlten,
Erhob die Stümpfe in die finstern Lüfte,
Sodass das Blut ihm das Gesicht beschmutzte. [...]
Ich sah gewiss und glaub es noch zu sehen,
Dort einen Körper ohne Kopf einhergehn,
So wie die andern in der traurigen Herde.

Voyeurismus ✪ **Projizieren? Referieren? Kommentieren? – Darstellbar ist so etwas nicht. Aber es gehört zum Text. Wie also soll man mit solchen Passagen umgehen? Überlegen Sie sich (auch), wie wir heute auf den Anblick von Grausamkeiten (Fernsehen, Videogames usw.) reagieren.**

7. Einzelschicksale

Francesca da Rimini: 5. Gesang

Wir lasen eines Tages zum Vergnügen
Von Lancelot, wie ihn die Liebe drängte;
Alleine waren wir und unverdächtig.
Mehrmals ließ unsre Augen schon verwirren
Dies Buch und unser Angesicht erblassen,
Doch eine Stelle hat uns überwältigt.
Als wir gelesen, dass in seiner Liebe
Er das ersehnte Antlitz küssen musste,
Hat dieser, der mich niemals wird verlassen,
Mich auf den Mund geküsst mit tiefem Beben.
Verführer war das Buch und der's geschrieben.
An jenem Tage lasen wir nicht weiter.

Graf Ugolino: 33. Gesang

Da biss ich mich vor Schmerz in beide Hände,
Und jene, welche glauben, dass aus Hunger
Ich so getan, sind sogleich aufgestanden
Und sagten: „Vater, unser Schmerz wär kleiner,
Wenn du von uns würdst essen, denn du schenktest
Dies arme Fleisch uns, du sollst es auch nehmen." [...]
Als wir zum vierten Tag gekommen waren,
Warf Gaddo sich mir lang zu meinen Füßen
Und sprach: „Mein Vater kannst du mir nicht helfen?"
So starb er, und so wahr du mich hier siehest,
Sah ich die Dreie nacheinander fallen
Am fünften und am sechsten Tag; ich selber
Schon blind, begann um sie herumzukriechen. [...]
Dann war der Hunger stärker als die Trauer.

Formen der Inszenierung

Inferno

Eine szenische Wanderung in Dantes Hölle

von Marcel Kunz und Stefan Pfleghard

KONZEPTIONELLE IDEE Das Inferno in seiner Ganzheit darzustellen, ist ein Ding der Unmöglichkeit. Die Auswahl zusätzlicher möglicher Ausschnitte und die Erarbeitung eines Szenarios ➔ Übersicht über den Aufbau des Infernos S. 64 müssen sich aus einer vertieften Lektüre und aus der Auseinandersetzung mit den Fragen auf der gegenüberliegenden Seite ergeben. Diskutieren Sie diese Fragen und recherchieren Sie, stellen Sie Mindmaps zusammen, sammeln Sie Bilder und fertigen Sie Protokolle an, auf die Sie immer wieder zurückgreifen können. .... Mit dem Text von Dante haben Sie erst inhaltliche Vorgaben, aber noch keine Formulierungsvorgaben für einen Bühnentext. Den muss die Gruppe selbst erarbeiten. Am erfolgversprechendsten ist der Weg über die Improvisation: eine Szene anspielen, Ergebnisse diskutieren, wiederholen, anpassen und präzisieren und dann schriftlich festhalten. Weder Stil noch Versmaß Dantes sind für diese Szenentexte verbindlich. Die Sprache kann durchaus modern sein. .... Es ist hilfreich für die Improvisation, wenn von Anfang an konkrete Vorstellungen über Rollenzuteilung, Raumkonzept und Requisiten bestehen ➔ S. 58 f. . Das gibt der Improvisation einen Rahmen, an dem man sich orientieren kann.

KONZEPTFRAGEN **1.** Wie sieht die Hölle für Dante aus? Wie sieht sie in den christlichen Glaubensvorstellungen aus? Welche Vorstellungen haben Sie von der Hölle? **2.** Machen Sie sich ein Bild von der Hierarchie der Sünden (des Bösen) bei Dante. Was ist davon auch für Sie gültig? Was nicht? Was müssen Sie verändern, umbauen, ergänzen, wenn Sie ein heute gültiges Konzept dieser Hierarchie wollen? **3.** Die Verdammten: das sind bei Dante mythologische und „gegenwärtige" Figuren (d. h. aus seiner Zeit). Welche Figuren können Sie übernehmen? Welche aktuellen Figuren wollen Sie ergänzen (ohne dabei selbstgerecht zu werden)? **4.** Welche Art von Teufeln bevölkern Dantes Hölle? Wie stellen Sie sich diese Teufel vor: Quälgeister? Sadisten? Oder selbst Verdammte, „traurige" Teufel? **5.** Wer ist der Höllenreisende Dante: eine Einzelfigur oder eine Reisegruppe (Seilschaft)? Trekkingtouristen mit Rückreiseticket? **6.** Ist der Höllenreisende Dante ein Voyeur? Was geht in ihm, vor allem aber in Ihnen vor, wenn Sie Böses und wenn Sie Leidende sehen: Faszination der Grausamkeit und des Bösen? Neugier? Abscheu? Gleichgültigkeit? Sammeln Sie Bilder von Kriegsgräueln und notieren Sie spontan Ihre Empfindungen. **7.** Wie sehen Sie das Verhältnis zur Textvorlage und welche Formen der Umsetzung deskriptiver Passagen planen Sie? Machen Sie das Textbuch der „Göttlichen Komödie" zu einem Requisit: ein „Reiseführer", den Dante auf dem Weg durch die Hölle konsultiert.

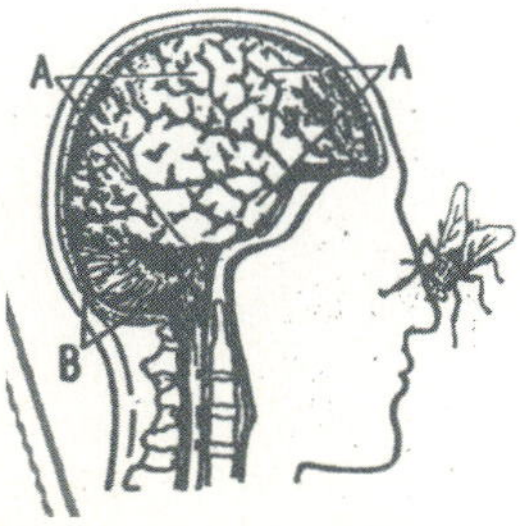

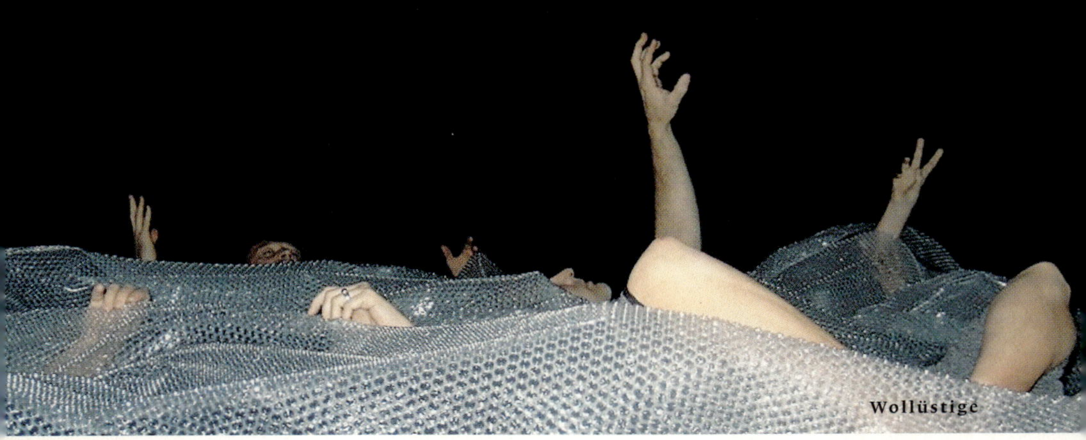

Wollüstige

DER WEG ZUR INSZENIERUNG ***Rollenwahl und Figuren*** Auch für große Gruppen gilt: Das Inferno-Projekt hat mehr Figuren als Spieler und jeder einzelne wird mehrere Rollen übernehmen müssen: als Sünder, als Teufel, als Dante oder als Vergil. Das setzt ein wiederholtes Training und hohe Flexibilität voraus, denn Sie müssen schnell von einer Rolle in eine andere schlüpfen können. .... Gehen Sie von Körperhaltungen und von der Motorik aus (Strafender, Bestrafter, Zuschauer) und versuchen Sie daraus innere Haltungen und stimmliche Äußerungen abzuleiten: Hat z. B. ein Strafender Lust am Quälen oder empfindet er seine Aufgabe als Fluch? Welchen Einfluss hat die erlittene oder wieder zu erwartende Qual auf die Art, wie sich ein Sünder bewegt?

Die Mittel

MUSIK UND GERÄUSCHE Die Hölle kann man kaum mit einer „passenden" Tonkulisse ausstatten. In der Hölle herrscht beklemmende Totenstille oder aber ein fürchterlicher Lärm. Ein falsches Signal wäre die Reduktion auf das Schreien und Stöhnen der Sünder.

Tipp ★ Schlagzeug oder monotone Klänge (elektronisch): zunehmend in Tonlage und Lautstärke; ★ Von den Teufeln live erzeugt: Atem-, Schmatz-, Furzgeräusche usw. ★ Eine „passende" Tonkulisse ist denkbar beim Bau des Höllentors (Partygedudel) oder als zynischer Kontrast dort, wo sich die Figuren an ihr früheres Glück erinnern (z. B. Monteverdi, erotische Madrigale).

Puppen

RAUMGESTALTUNG Grundsätzlich: Vermeiden Sie falschen Realismus: Suchen Sie expressives, aber „armes“ Theater. Die Textvorlage setzt herkömmlichen Theaterformen Widerstand entgegen. ➲ Einführung S. 4 f. .... Da Dante ein Reisender in der Hölle ist und mithin auch ein Zuschauer, sollten Sie ein Raumkonzept entwickeln, in dem die Position Dantes und die Position des Zuschauers möglichst identisch sind. Und da die Hölle ein gewaltiger Krater ist, die Reise also nach unten führt, sollten Sie das Raumkonzept auch so planen, dass die Zuschauer nach unten ins Bühnengeschehen blicken: Spielen Sie am Boden und bauen Sie mit Podesten eine Zuschauertribüne um die Spielfläche.

Um das Atmosphärische von Dantes Vision vom Zentrum der Hölle anzudeuten (Verdammte in Eis eingefroren), können Sie in den letzten Szenen die Spielfläche mit Verpackungsfolie (Luftpolsterfolie) auslegen und mit blauem (Streiflicht) anstrahlen. Die „Sünder“ liegen unter der Folie und tauchen nur ab und zu auf.

REQUISIT Als zentrales Requisit können Stoffpuppen (etwa 20 Stück) hergestellt werden: ca. 1,2 m groß, ganz einfach in der Ausfertigung, mit Stopfmaterial gefüllt und so konstruiert, dass sie verschiedene Funktionen übernehmen können: mal „arme Sünder“, mal Folterinstrumente usw.

Tipp Spielen und experimentieren Sie während der ganzen Inszenierungsarbeit mit diesen Puppen (wenn möglich: täglich!) und nehmen Sie sich vor, ihnen in jeder Szene eine neue Funktion zu geben.

Gestaltungsanregungen zum Szenario

1. DANTES VERIRRUNG IM WALD DER SÜNDE ➔ S. 50 Lassen Sie einen oder mehrere Dante-Darsteller in einem völlig abgedunkelten Raum umherirren; er stößt/sie stoßen überall an, auch an Mitspielern, die sich als Bedrohungen erweisen und diese Bedrohungen auch verbalisieren.

> ***Textentwicklung*** Verwenden Sie dazu auch Material aus der Werbesprache, aus Kontaktanzeigen und Versandhauskatalogen (vgl. Material 2) und zeigen Sie damit, wo denn heute die Bedrohungen und Verstrickungen zu lokalisieren sind.

2. DER ORT DER LAUEN UND DAS HÖLLENTOR ➔ S. 51 Die Lauen, das sind die politisch Korrekten, die ewigen Trittbrettfahrer, die Stehaufmännchen, die überall einsetzbar sind und niemals eine Meinung haben: Einige Spieler bewegen sich in gespielter Lockerheit auf der Spielfläche. Ihre Unterhaltung hört sich an wie unverbindliches Partygeschwätz, besteht aber aus losgelösten Sprachfetzen aus den Versen 1–9 des 3. Gesangs.

> ***Gruppierung und Text*** ✪ Entwickeln Sie eine Szene, in der diese Sprachfetzen zusammenhängend und rhythmisiert werden. Verwenden Sie dazu auch die fremdsprachigen Versionen des Höllentors (vgl. Material 3). Experimentieren Sie mit Gruppierungen, indem die Spieler gleichzeitig eine geschlossene Formation einnehmen, die am Schluss der Szene andeutungsweise das Höllentor markiert.

Kerberos

3. MINOS, DER HÖLLENRICHTER S. 51 (und Ganzschrift, 5. Gesang) Der Höllenrichter, der die Gerechtigkeit in ihrer fürchterlichsten und unerbittlichsten Form personifiziert, weist jedem Sünder bei dessen Eintritt in die Hölle den ihm gebührenden Platz zu. Nutzen Sie diese Situation zur Entwicklung einer Szene, in der Sie Übersicht geben über die verschiedenen Sünderkategorien und die Topografie der Hölle.

Figuren erfinden Sie können sich bei Dante bedienen oder aber neue Sünderkategorien benennen: Geldwäscher, Waffenschieber, Frauenhändler, Pädophile, Abzocker. Arbeiten Sie, wenn möglich, mit den Puppen, die hier „Sünder" verkörpern und die von mutwilligen Teufeln einzeln oder als Pakete abgeliefert werden.

4. DANTES ZWISCHENHALT BEI DEN MAẞLOSEN S. 55 (und Ganzschrift, 5.–7. Gesang) Wollust, Schlemmerei, Verschwendung, Geiz und Zorn: Suchen Sie den passenden Körperausdruck für diese Formen der Maßlosigkeit und lassen Sie eine Gruppe von Teufeln als Strafende Regie führen, indem sie z.B. durch einen übertriebenen Atemrhythmus den Sturm darstellen, der die Wollüstigen umtreibt.

Körperausdruck **1.** Nehmen Sie Ausschnitt 7, die maßlos liebende Francesca da Rimini, und suchen Sie in der Literatur (oder in Ihrer eigenen Gegenwart) andere Beispiele der „unerlaubten Liebe": Machen Sie daraus eine Simultanszene. **2.** Entwickeln Sie weitere Ideen, wie Sie die Bestrafungsaktionen der Teufel für die einzelnen Formen der Maßlosigkeit szenisch umsetzen können. **3.** Versuchen Sie möglichst viel durch gestische und tänzerische Elemente auszudrücken und den Puppen dabei vielfältige Funktionen zu geben.

Wahrsager

5. DIE GRAUSAMKEIT DER HÖLLE ➔ S. 54–55 (und Ganzschrift, 18.–19. Gesang) Kuppler, Wahrsager, Heuchler, Fälscher: die Strafen sind nicht nur sehr „passend" im achten Höllenkreis, sondern auch sehr konkret: eine Gelegenheit zu einer Phase von expressivem Körpertheater.

Sünder in der Endlosschleife **1.** Diskutieren Sie Möglichkeiten, wie Sie deutlich machen können, dass die Hölle in einer fürchterlichen Form Repetition ist. **2.** Choreografieren Sie diese Szene wie eine Art Karussell, auf dem die einzelnen Sündergruppen wie auf einer Endlosschleife an den Teufeln vorbeiziehen.

6. DAS LEIDEN ANDERER BETRACHTEN ➔ S. 55 Als bewusste Reaktion auf die eben skizzierte Szene sollte sich hier eine Szene anschließen, die sich mit der Frage beschäftigt, wie denn der reisende Dante auf diese Grausamkeiten reagiert und wie wir auf das Inferno und – vor allem – auf Grausamkeiten reagieren, die uns durch die Medien täglich frei Haus geliefert werden. Mit Entrüstung? Mit Zweifeln am Menschen, der zur Bestie wird? Mit heimlicher Zustimmung (die haben das verdient)? Oder mit Lust und der unergründlichen Faszination des Bösen? Oder blenden wir einfach aus und gehen zur Tagesordnung über?

Streitgespräch **1.** Planen Sie eine Szene, in der die Spieler zu Zuschauern der Grausamkeiten werden und entwickeln Sie ein Streitgespräch zwischen den Vertretern der einzelnen Positionen. **2.** Fragen Sie sich, wie Sie die Schilderungen der Grausamkeiten einbringen können: als neutral gesprochenen Nachrichtentext; oder ersetzt durch modernes Filmmaterial?

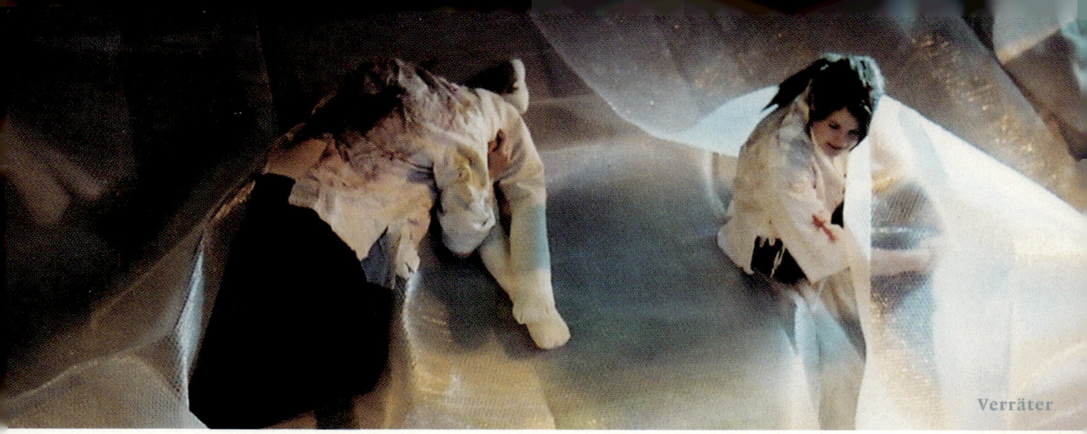
Verräter

7. DIE IM EIS EINGEFRORENEN VERRÄTER ➔ S. 55 (und Ganzschrift, 32.–33. Gesang) Die Verräter, die Dante im 32.–34. Gesang auftreten lässt, sind uns ausnahmslos unbekannt. Suchen Sie also Ersatzfiguren, die hier im Eis eingefroren auf Dantes Fragen Antwort geben. Werden Sie konkret und setzen Sie einzelne Namen ein.

Sprachspiele ✪ **1.** Spielen Sie mit der Sprache und entwickeln Sie Flexionsübungen, Redewendungen und Variationen auf das Wort „Verrat": eine höllische Grammatikstunde. ✪ **2.** Nehmen Sie als Textvorlage die Episode vom Grafen Ugolino (Ausschnitt 7, Seite 55) und spielen Sie diese Szene dreimal hintereinander, indem Sie jedes Mal eine andere Sprechvariante erproben (aggressiv, traumatisiert usw.).

8. AUF DER SUCHE NACH LUZIFER ➔ S. 52 Für uns ist die Hölle ziemlich abstrakt geworden, und wir glauben sie im widrigen Alltag zu erleben: in der Arbeit, im Stau, im Gedränge, manchmal auch im Miteinander mit anderen Menschen.

Dante vervielfacht ✪ Nehmen Sie diesen Gedanken als Ausgangspunkt für eine Szene, indem Sie verschiedene Dantes auftreten lassen: Sie bewegen sich tastend und suchend in einer ihnen fremden Landschaft und orientieren sich auf ihrer Suche nach Luzifer am „Reiseführer". Verwenden Sie als Arbeitsgrundlage den Text auf Seite 52. Die Dante-Figuren sehen nichts außer sich selbst, so kommt es zu einer Art Mobbing. Entwickeln Sie eine Szene, in der abwechselnd einer der Spieler verdächtigt wird, der gesuchte Luzifer zu sein.

MATERIAL

1. Das Inferno
eine Übersichtsskizze

WALD DER SÜNDE

VORHÖLLE: WEDER GUT NOCH BÖSE

HÖLLENTOR

1. LIMBUS: UNGETAUFTE

MINOS

2. WOLLÜSTIGE

3. SCHLEMMER

4. GEIZIGE UND VERSCHWENDER

5. ZORNIGE

INNERES HÖLLENTOR

6. KETZER

7. GEWALTTÄTIGE
- GEGEN EINEN NÄCHSTEN
- GEGEN SICH SELBST
- GEGEN GOTT

8. BETRÜGER
- VERFÜHRER UND KUPPLER
- SCHMEICHLER UND DIRNEN
- SIMONISTEN
- WAHRSAGER UND ZAUBERER
- KORRUPTE
- HEUCHLER
- DIEBE
- FALSCHE RATGEBER
- ZWIETRACHTSTIFTER
- FÄLSCHER UND ALCHIMISTEN

9. VERRÄTER
- AN VERWANDTEN
- AN VERBÜNDETEN
- AN GÄSTEN

LUZIFER

Aufbau der Hölle

Spiegel in der Hölle, Ulm 1483. (Ausschnitt)

MATERIAL

Gustave Doré: Dantes Verirrung im Wald

Dantes Verirrung im Wald (szenische Umsetzung)

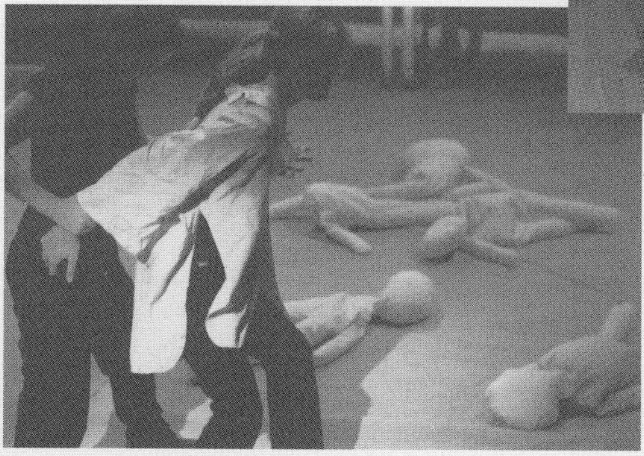

Vergil führt Dante durch die Hölle

MATERIAL

2. Gründe eine Ich-AG !

Sätze der Versucher(-Innen): Wald der Sünde, Seite 60

Geiz ist geil! Reiß dir alles unter den Nagel! Hol dir jedes Schnäppchen! – Geilheit ist cool. Leg alle aufs Kreuz! Lass dich von unsern tabulosen Girls verwöhnen. – Du bist wer! Sei stolz auf dich, du schaffst es! Gründe eine Ich-AG!

3. Lasciate ogne speranza, voi ch'intrate

Höllentor: italienischer Originaltext und französische Übersetzung (zu Seite 60)

Per me si va ne la città dolente;
Per me si va ne l' etterno dolore,
Per me si va tra la perduta gente.
Giustizia mosse Il mio alto fattore;
Fecemi la divina podestate,
la somma sapïenza e'l primo amore.
Dinanzi a me non fuor cose create
Se non eterne, e io etterno duro
Lasciate ogne speranza, voi ch'intrate.

Spiegel in der Hölle, Ulm 1483 (Ausschnitt)

3a. Vous qui entrez laissez toute esperance

Par moi on va dans la cité dolente,
Par moi on va dans l'éternelle douleur,
Par moi on va parmi la gent perdue.
Justice a mû mon sublime artisan,
Puissance divine m' a faite,
Et la haute sagesse et le premier amour.
Avant moi n' a jamais été créé
Qui ne soit éternel, et moi je dure éternellement.
Vous qui entrez laissez toute espérance

MATERIAL

4. „Ich verrate, du verrätst, ich habe verraten…"

Höllische Grammatik für Szenenvorschlag 7 (Seite 63)

Ich verrate, ich habe verraten, ich verriet, ich hatte verraten, ich werde verraten, ich werde verraten haben, ich würde verraten, ich will verraten, ich kann, soll und darf verraten… Ein jeder Verräter ist ein Übeltäter… Wer das Beichtgeheimnis verrät… Wer das Bankgeheimnis verrät… Wer das Arztgeheimnis verrät…. Wer ein Staatsgeheimnis verrät… Wer den Konzerngewinn verrät… Wer einen Freund verrät, ist ein Missetäter. Wer einen Parteikollegen verrät, ein Übeltäter. Wer im Interesse des Staats verrät, ist ein Wohltäter. Wer im Interesse des Gegners verrät, ist ein Attentäter.

LITERATURANREGUNGEN Hans Magnus Enzensberger: Der Untergang der Titanic. Enzensberger nennt diese Gedichtsammlung „eine Komödie" und spielt damit auf Dante an, von dem er auch das Bauprinzip seines Textes übernimmt (33 Gesänge wie bei Dante). Enzensbergers Augenmerk richtet sich vor allem auf das Verhalten der Passagiere bei der Überfahrt und beim Untergang der Titanic. ……… Peter Weiss: Inferno. Ein modernes Stück, ausgehend von Dante: Ein deutscher Jude, der die Nazizeit im Exil verbracht hat, kehrt nach Deutschland zurück und erlebt diese Rückkehr als Inferno. Eine wertvolle Anregung zur Aktualisierung. ……… Susan Sontag: Das Leiden anderer betrachten. Die Autorin reflektiert über die Kriegsfotografie und deren Wirkung auf den Betrachter. Eine wertvolle Argumentationshilfe zum Szenenvorschlag 6.

Gustave Doré: Inferno, 1861,

Anonym / Friedrich Hebbel

Die Nibelungen

Die Menschen dieses Gedichts [leben] in einer Welt der Wirklichkeit ...
... es gibt hier kein Ausweichen ins Märchenreich; diese Menschen leben und kämpfen auf dieser Erde und unter deren Bedingungen.

HELMUT DE BOOR IN DER EINLEITUNG SEINER ÜBERTRAGUNG

EIN SCHWÄCHLING BEKOMMT DIE POWERFRAU. ZWEI FRAUEN STREITEN SICH UM EINEN MANN. NAIVER ÜBERMUT WIRD ZUM ANLASS EINER RACHESCHWEREN MORDINTRIGE… MÄRCHEN UND SAGEN VERLIEREN AUCH BEIM ÄLTERWERDEN NICHT AN REIZ UND SPANNUNG. WAS GEFÄLLT UNS AN DEN HELDEN, DEN UNBESIEGBAREN, AN DEN SCHÖNEN FRAUEN, DIE UMWORBEN WERDEN? ODER IST ES DER REIZ DES BÖSEN, DER UNS FESSELT?

Die Nibelungen
Der Inhalt

Der Burgunden (Nibelungen)-König Gunther begehrt die sagenumwobene, starke und unnahbare Brunhild, Königin von Isenstein, zur Frau. Um sie zu gewinnen, muss er sie jedoch in einem Kampf auf Leben und Tod, den vor ihm schon viele Freier verloren haben, besiegen. Der ahnungslose und eher schmächtige Gunther ist deshalb auf die Hilfe des kräftigen und unbesiegbaren Helden Siegfried, König von Xanten, angewiesen, um Brunhild zu bewältigen. Als Gegenleistung verlangt Siegfried die schöne Kriemhild, Gunthers Schwester, zu seiner Frau. .... Durch unlauteres Kämpfen gelingt es beiden Männern, Brunhild zu besiegen – sie muss nun mit Gunther ziehen und ihn heiraten, wie auch Siegfried nun Kriemhild zur Frau erhält. Brunhild lässt Gunther jedoch die Ehe nicht vollziehen, sodass es hier wieder Siegfrieds Hilfe bedarf, um Gunthers Willen zu erfüllen. Nach dem Plan Hagens, dem gerissenen und intriganten Gefolgsmann Gunthers, wird Brunhild in erniedrigender Art und Weise zur „Frau“ gemacht. Die Symbole ihrer Jungfräulichkeit und Stärke, Gürtel und Ring, nimmt ihr Siegfried unbemerkt ab. Nach der Bezwingung Brunhilds zeigt er in einer naiven Anwandlung seiner Frau Kriemhild die Gegenstände und setzt damit unwissend den Grundstein für den weiteren tragischen Gang der Ereignisse. Die Eifersucht Kriemhilds und Brunhilds Demütigung führen zu einem erbitterten Streit beider Königinnen, in welchem die Intrige aufgedeckt wird und Kriemhild mit ihrem Wissen triumphieren kann. Brunhild schwört Rache. Durch den hinterlistigen, feigen Mord an Siegfried verschafft ihr Hagen Genugtuung. Nun verlangt Kriemhild Vergeltung – die Nibelungen finden auf grausame und blutige Weise ihr Ende…

DER VERFASSER DES NIBELUNGENLIEDES Auf der Grundlage älterer germanischer Überlieferung entstand das Nibelungenlied zwischen 1150 und 1200 im Donauraum und wurde anonym weitergegeben. Vermutlich war der Dichter ein Kleriker, den man wohl mit dem Hof des Bischofs von Passau in Verbindung bringen kann. Ob er dieses Versepos aus eigenem Antrieb oder auf den Wunsch eines Auftraggebers niedergeschrieben hat, entzieht sich bis heute unserer Kenntnis. Die insgesamt 32 Handschriften – davon 10 vollständig – lassen aber auch mehrere Bearbeiter vermuten.

Das Nibelungenlied
mittelhochdeutsches Versepos
aufgeschrieben um 1200 n. Chr.

Friedrich Hebbel
Der Autor

18. März 1813, Wesselburen .... 13. Dezember 1863, Wien Hebbel war der Sohn eines armen Maurers. Nach dem Besuch der Volksschule trat er mit 14 Jahren in den Dienst des Kirchspielvogts seines Heimatortes, zunächst als Laufbursche, dann als Schreiber und Sekretär. 1835 siedelte er nach Hamburg über, wo er seine Schulkenntnisse so weit aufbesserte, dass er 1836 ein Semester Jura und Geschichte in Heidelberg studieren konnte. Nach schwierigen Jahren in München kehrte er 1839 nach Hamburg zurück, wo seine ersten bedeutenden dramatischen Arbeiten entstanden. Ein neuer Abschnitt seines Lebens begann, als er 1842 mit einem Reisestipendium des Königs von Dänemark Paris und Rom besuchte. Auf der Rückreise über Wien, 1845, fand er in der Burgschauspielerin Christine Enghaus die Lebensgefährtin und gefeierte Darstellerin seiner großen Frauengestalten. **WEITERE STÜCKE U. A.** Judith (Uraufführung: Berlin, 1840) ➤ Maria Magdalene (Uraufführung: Königsberg, 1846) ➤ Agnes Bernauer (Uraufführung: München, 1852).

Hebbel ist ein wichtiger Vertreter der deutschen Nachklassik. Strenge logische Konstruktion kennzeichnet seine Werke. Dabei ist der Blick stets auf die „großen Gegenstände der Menschheit“ gerichtet. Den Hintergrund fast aller Stücke bildet eine Zeitenwende, aus der heraus er die Konflikte sieht, ableitet, und die neben starken Empfindungen auch immer wieder Leitmotiv seines Schaffens ist. Den Abschluss seines Lebenswerkes bildet die Trilogie „Die Nibelungen“, eine bühnenwirksame Neugestaltung des alten Epos. Der Reiz des Stoffes regt auch heute Regisseure und Dramaturgen immer wieder an, nach neuen Formen der Bühnengestaltung zu suchen. So bearbeitete der Autor und Dramaturg Moritz Rinke den Nibelungenstoff neu, der Regisseur Dieter Wedel inszenierte diese Vorlage 2002 für Festspiele, die seitdem jährlich in einer Aufführung vor dem Dom in Worms stattfinden.

Die Nibelungen — Ein deutsches Trauerspiel

Das Werk

AUFFÜHRUNGSGESCHICHTE Die Tragödientrilogie (Der gehörnte Siegfried, Siegfrieds Rache, Kriemhilds Tod) entstand zwischen 1855 und 1860, die Uraufführung fand im Mai 1861 statt. .... Hebbel wich einer dramatischen Bearbeitung des in mittelhochdeutscher Sprache überlieferten Nibelungen-Epos lange Zeit aus. Er war von dem Stoff aber immer wieder fasziniert, als „dramatisches Wagestück“ bezeichnete er schließlich sein Unterfangen, das, wie er wiederholt betonte, keine Umformung des Mythos darstelle, sondern die ihm immanente dramatische Struktur herausschäle. Die Fülle des Stoffes zwang ihn zur trilogischen Aufteilung. Die Figuren erfahren gegenüber der Vorlage eine Individualisierung und, wenn auch sparsame, psychologische Einkleidung und Handlungsmotivation. .... Über die Jahrhunderte hinweg hat das Nibelungenlied verschiedene Interpretationen durchlaufen, von der Befriedigung patriotischer Affekte Anfang des 19. Jahrhunderts bis hin zum Missbrauch durch den Nationalsozialismus, der es zur Stütze eines blinden Gefolgschaftskultes verwertete und von seiner eigentlichen Bedeutung, dem Zeugnis höfischer Ritterdichtung, weit entfernte.

ORIGINALTEXT

Die Nibelungen

IN ALTEN MÄREN

Der Originaltext des Nibelungenliedes regt zu verschiedensten Gestaltungsmöglichkeiten an. Die einführenden Verse verweisen zum einen auf den Sagengehalt des Stoffes und thematisieren zum anderen bereits seine vielfältigen Themen.

INTRODUKTION – TROSS

Uns ist in alten maeren wunders vil geseit
von helden lobebaeren, von grôzer arebeit,
von fröuden, hôchgezîten, von weinen und von klagen,
von küener recken strîten muget ír nu wunder hoeren sagen.

Sprache und Sprechen ✪ Informieren Sie sich über die Ausspracheregeln des Mittelhochdeutschen und probieren Sie die Verse in dieser Ausdrucksweise zu sprechen. ✪ Übertragen Sie die Verse ins heutige Deutsch und sprechen Sie sie. ✪ Überprüfen Sie, welche Wirkung die Verse haben, wenn sie im Original oder in der Übertragung gesprochen werden. ✪ Welche Wirkung haben die Verse, wenn sie von einer oder von mehreren Personen, z. B. dem Tross vorgetragen werden? ✪ Probieren Sie verschiedene Arten des Vortragens aus: monotones Singen, Singen in der Art eines mittelalterlichen Chorals, Flüstern, Raunen... ✪ Machen Sie Angebote zu verschiedenen Arten der Bewegung beim Vortrag: Stehen, Wandeln, Wiegen des Körpers, Bewegungen der Arme/des Kopfes.

Formen der Inszenierung

Nibelungen

Annäherung an einen großen Stoff

von Sabine Kündiger

KONZEPTIONELLE IDEE Die Geschichte von Gunther, dem König der Burgunden, der um die starke Brunhild wirbt, diese aber nur mit Hilfe des unschlagbaren Siegfried zu seiner Frau machen kann, fasziniert – nicht nur wegen ihres Sagengehaltes und ihrer Märchenhaftigkeit, sondern noch eher, weil in ihrer Grundstruktur archaische Elemente wie Kampf, Liebe, Eifersucht oder Rache enthalten sind. Hier entdecken wir die Zeitlosigkeit und Übertragbarkeit des Stoffes und stellen die Figuren zueinander in den abstrakten Raum. Die so entstandene kühle Distanz zum Stoff überträgt sich auf die Handlung, die Kostüme, die Maske. .... Textversatzstücke aus der Original-Übertragung sowie aus Hebbels Drama können als Gerüst für eine freie Interpretation von Figuren und Handlungselementen dienen. Schwere Bühnenelemente können, den unterschiedlichen Spielorten entsprechend, auf offener Bühne umgebaut werden und unterstützen so das kraftvolle Spiel; Rhythmus und Klänge wirken kontrapunktierend oder begleiten das Geschehen. .... Neben den im Nibelungenstoff angelegten „tragenden“ Charakteren Gunther, Siegfried, Hagen, Brunhild und Kriemhild bieten zahlreiche weitere Figuren Möglichkeiten zum Einsatz chorischen Sprechens, Agierens und Kommentierens an. Im Tross vereinigen sich Naivität und Ungläubigkeit, aber auch Wissen und Verrat in einer Widersprüchlichkeit, welche sich im Handeln der Figuren durch das gesamte Lied zieht. So spaltet sich letztlich der Tross in gegeneinander kämpfende und Kriemhilds Rache dienende, todgeweihte Menschen. .... Kriemhild und Brunhild werden zu zentralen Gestalten; sie stehen am Ende der Aufführung als rächende und mit Blut gezeichnete Frauen vor den „Trümmern“ ihrer Handlungen.

BRUNHILD WIRD MEINE FRAU

Nach Friedrich Hebbel: Die Nibelungen, 1. Abteilung, 1. Szene

Gunther ist darauf fixiert, Brunhild zur Frau zu gewinnen; er weiß weniger über sie als Siegfried und Hagen oder der Tross des Hofes, zu dem die Kunde von Brunhilds unerbittlicher Stärke und eisiger Gefühlskälte schon gedrungen ist.

MÄNNER Im tiefen Norden, wo die Nacht nicht endet, dort wuchs ein Fürstenkind von wunderbarer Schönheit auf, so einzig, als hätte die Natur haushälterisch auf sie gespart und jeder anderen den höchsten Reiz des Weibes vorenthalten, um ihr den vollen Zauber zu verleihn. Wer sie erblickt, der kann nicht wieder fort.

FRAUEN Wer um sie wirbt, der wirbt zugleich um seinen Tod, denn führt er sie nicht heim, so kehrt er gar nicht wieder heim, und ist es schon so schwer, nur zu ihr zu gelangen, so ist es noch viel schwerer, ihr zu stehn. Bald kommt auf jedes Glied an ihrem Leibe ein Freier, den die kalte Erde deckt.

GUNTHER Nun, das beweist, sie ist für mich bestimmt! Brunhild wird meine Frau, wird Königin Burgunds!

TROSS Die nord'sche Jungfrau denkst du heimzuführen, der flüss'ges Eisen in den Adern kocht?

GUNTHER Warum? Ist sie's nicht wert?

TROSS Nicht wert? Ihr Ruhm durchfliegt die Welt! Doch keiner kann im Kampfe sie bestehen, bis auf den einen,

SIEGFRIED und ich, ich wähl' sie nimmermehr.

GUNTHER So soll ich aus Furcht vor ihr nicht werben?

MÄNNER Es glückt dir nicht, es kann dir gar nicht glücken, sie wirft dich in den Staub!

SIEGFRIED Und glaube nicht, dass Milde wohnt in ihrer stolzen Brust. Sie streitet um ihr Magdtum, als wär ihr Leben selbst daran geknüpft. Ich bin bereit mit dir hinabzuziehn, wenn du mir deine Schwester Kriemhild dann versprichst. Ich sah sie und ich möchte um sie werben.

HAGEN Wie denkt er's nun zu machen?

SIEGFRIED Schwere Proben sind zu bestehn! Allein, was tut's, wir teilen uns ins Werk, mein sei die Arbeit, die Gebärde dein.

„Brunhild wird meine Frau!“

HAGEN Torheit! Wie ist's möglich, sie so zu täuschen?

SIEGFRIED Durch mein Geschick, das mich schon einmal ihrem Blick entzog.

HAGEN Du warst schon dort?

SIEGFRIED Ich war's! Doch warb ich nicht, auch sah ich nur – ich wurde nicht gesehen.

GUNTHER Wohlan! Für Brunhild geb ich dir Kriemhild.

Figuren und Haltungen ✪ **1.** Entwickeln Sie je ein Standbild für die Figuren Gunther, Hagen, Siegfried, den Tross der Männer, den Tross der Frauen. ✪ **2.** Überlegen Sie, in welchem Verhältnis die drei Männer zueinander stehen und entscheiden Sie, welche der drei Männer-Figuren in dieser Szene die dominierende ist. ✪ **3.** Probieren Sie verschiedene Stellungen im Raum aus, z. B. die Positionen der drei Männer gegenüber dem Tross. ✪ **4.** Entwickeln Sie eine typische Haltung/Bewegung für diese Figuren. ✪ **5.** Suchen Sie für die Textstellen des Trosses/der Männer/der Frauen Schwerpunkte, die Sie besonders betonen möchten. ✪ **6.** Wie können Sie die Betonung szenisch verdeutlichen? ✪ **7.** Variieren Sie die Art des Sprechens und überprüfen Sie die Wirkung.

Tipp Gunter will Brunhild unter allen Umständen erobern – er benimmt sich z. B. wie ein trotziger Junge, wie ein ungestüm Verliebter usw.

„Wer ist's, der heute sterben will?"

WER IST'S, DER HEUTE STERBEN WILL?

Nach Friedrich Hebbel: Die Nibelungen, 2. Abteilung, 1. Akt, 2. Szene

Gunther gelingt es auf unlautere Weise, mit Hilfe Siegfrieds Brunhild zu besiegen. Der Kampf zwischen Gunther und Siegfried gegen Brunhild steht also im Mittelpunkt der Szene.
In der Sage kann Siegfried Gunther nur zu Hilfe kommen, weil er eine Tarnkappe aufsetzt und Brunhild ihn folglich nicht sehen kann.

TROSS An dem zwölften Morgen – so hören wir sagen –
Hatten sie die Winde weithin getragen
Nach dem Isensteine in Brünhildes Land.
Keinem der Helden außer Siegfried war's bekannt.

BRUNHILD Wer ist's, der heute sterben will? Also du? Und weißt du, was es gilt?
Wer hier nicht siegt, der stirbt sogleich – und seine Diener mit.

TROSS Der Ruf von deiner Schönheit drang gar weit, doch weiter noch der Ruf von deiner Strenge, und wer dir immer auch ins Auge schaut, er wird es nicht im höchsten Rausch vergessen, dass dir der dunkle Tod zur Seite steht.

GUNTHER Nun denn, zum Kampf!

„Nun musst du mit uns ziehen!“

Kampf **1.** Probieren Sie verschiedene Möglichkeiten aus, wie Gunther und Brunhild gegeneinander kämpfen könnten. Nehmen Sie dabei Ihre Kenntnisse und Erfahrungen aus dem Sportunterricht zu Hilfe (z. B. Hinfallen, schnelles Aufstehen usw.). Beachten Sie bei Ihren Überlegungen, dass der Zuschauer von der Kraft und Stärke Brunhilds überzeugt sein muss. **2.** Binden Sie die Siegfried-Figur in den Kampf mit ein, so, dass Brunhild ihn dabei nie im Blickfeld hat. **3.** Der Kampf findet direkt vor den Augen des Volkes (Trosses) statt. Probieren Sie aus, wie das Volk auf den Kampf reagieren kann. Zeigen Sie Entsetzen, Erstaunen, Verzweiflung. Es könnten sich „Parteien" bilden… **4.** Begleiten Sie den Kampf musikalisch oder rhythmisch durch Stampfen, Trampeln, Klatschen…

Tipp Zeigen Sie den Kampf nicht direkt; es besteht auch die Möglichkeit, den Verlauf des Kampfes in Haltung, Gestik und Mimik des Trosses widerzuspiegeln.

„Ich ward verhandelt“

HOCHZEIT HALTEN

Nach Friedrich Hebbel: Die Nibelungen, 2. Abteilung, 2. Akt, 8. Szene

In der Hochzeitsnacht wird das Verhältnis der beiden Paare (Gunther/Brunhild – Siegfried/Kriemhild) zueinander deutlich.

SIEGFRIED Was willst du, Hagen?

HAGEN Was Brunhild sprach, hast du gehört, und wie sie Hochzeit hält, siehst du ja wohl.

SIEGFRIED Was folgt daraus?

HAGEN Dass du sie bänd' gen musst! Der König geht mit ihr in's Schlafgemach. Du folgst ihm ungesehen. Er fordert mit Ungestüm den Kuss. Sie weigert ihn. Er ringt mit ihr. Sie lacht und triumphiert. Dann packst du sie und zeigst ihr so den Meister, bis sie um Gnade, ja ums Leben fleht. Ist das geschehn, so lässt der König sie zu seiner untertän' gen Magd sich schwören, und du entfernst dich.

SIEGFRIED Ich weiß nicht, was mich warnt. Ich tu's auf meine Weise.

Gefühle und Haltungen ✪ **1.** Bilden Sie jeweils 5 Standbilder, in denen a) die Liebe zwischen Kriemhild und Siegfried und b) die Abneigung von Brunhild gegenüber Gunther deutlich zu sehen sind. ✪ **2.** Stellen Sie alle Standbilder zeitlich und räumlich nebeneinander dar. ✪ **3.** Unterlegen Sie diese Sequenz mit einer Ihnen passend erscheinenden Musik.

„Was hast du mit meinem Herz gemacht?“

Tipp Sie können hier auch das Klischee bedienen, indem Sie Bilder zu Kriemhild und Siegfried besonders kitschig und Bilder zu Brunhild und Gunther besonders brutal und kraftvoll zeigen – entsprechend kann dies durch die gewählte Musik untermalt oder gebrochen werden. ➔ Musik S. 88

Gunther kann Brunhild in der Hochzeitsnacht nur mit Siegfrieds Hilfe bezwingen. Brunhild ist ihm körperlich überlegen, verweigert sich ihm vehement und demütigt ihn.

Kampf und Unterwerfung ✪ **1.** Überlegen Sie, auf welche Art und Weise Gunther und Siegfried Brunhild unterwerfen könnten. ✪ **2.** Finden Sie Äquivalente für Brunhilds Jungfrauen-Symbole Gürtel und Ring, z. B. Kleidungsstücke oder ein für Brunhild bedeutendes Accessoire. ✪ **3.** Überlegen Sie, wie Kriemhild in den Besitz des geraubten Symbols gelangen könnte, und entwickeln Sie eine Szene dazu.

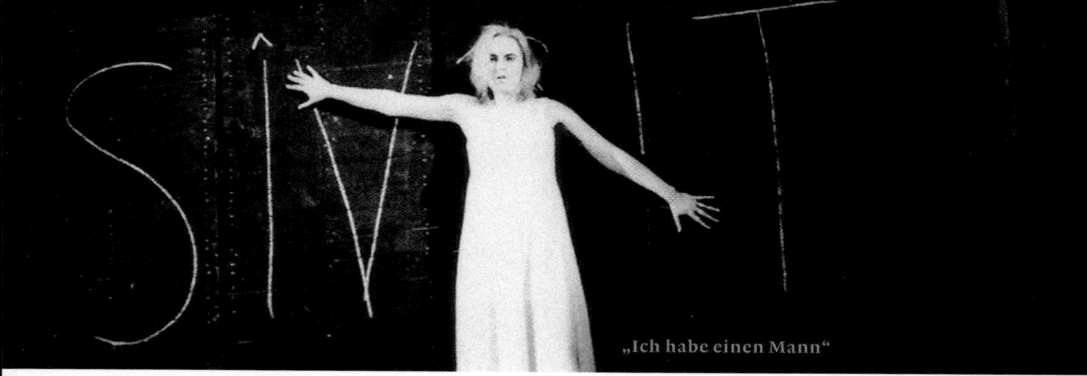

„Ich habe einen Mann“

DER STREIT DER KÖNIGINNEN

Nach Friedrich Hebbel: Die Nibelungen, 2. Abteilung, 3. Akt, 6. Szene

Im Streit der Frauen um die Frage, welcher Mann der Bessere sei, entfalten sich wesentliche Schwerpunkte des gesamten Stoffes.

KRIEMHILD Ich habe einen Mann, ihm stände wohl die Herrschaft in allen Reichen an. Du lächelst?

BRUNHILD Weil du gar zu sicher bist!

KRIEMHILD Ich darf es sein!

BRUNHILD Dein Traum ist süß. Schlaf zu.

KRIEMHILD Wie redest du! Mein edler Gatte ist nur viel zu mild, sonst hätte er den Degen schon längst zu einem Zepter umgeschmiedet und über die ganze Erde ausgestreckt, denn alle Lande sind ihm untertan.

BRUNHILD Kriemhild, was wäre da der meinige?

KRIEMHILD Er ist mein Bruder.

BRUNHILD Nein, denn er selbst ist das Gewicht der Welt, du musst nicht widersprechen, liebes Kind, ich will dafür geduldig auf dich hören, wenn du mir zeigst, wie man die Nadel braucht.

KRIEMHILD Wir können gleich beginnen, wenn du willst, und da du doch am liebsten Wunden machst, so fangen wir beim Sticken an.

BRUNHILD Du prahlst, Kriemhild, und ich verachte dich!

KRIEMHILD Ich habe ein Muster – die Hure meines Gatten – mich verachten! Kennst du dies? *(zeigt Brunhilds Symbol)*

BRUNHILD Wohl es ist meines – und da ich es in fremden Händen sehe, so muss es mir gestohlen sein! Wer gab es dir?

KRIEMHILD Der Mann, der dich bewältigt hat! Mein Gatte gab es mir!

„Du prahlst – und ich verachte dich!“

Streit um die Macht ✪ **1.** In welchem Verhältnis stehen die beiden Frauen zueinander? ✪ **2.** Stellen Sie die Beziehung und ihre Entwicklung in verschiedenen Positionen der Figuren zueinander durch Standbilder dar. ✪ **3.** Entwerfen Sie aus den Standbildern Bewegungsabläufe. ✪ **4.** Entscheiden Sie, an welcher Stelle des Textes der Höhepunkt der Szene zu setzen ist. ✪ **5.** Arbeiten Sie auf diesen Höhepunkt hin, indem Sie auf eine steigende Dynamik des Sprechens wie auch des Handlungsrhythmus' (Bewegungen/Aktionen) achten.

Tipp Geben Sie beiden Frauen ein Requisit in die Hand, welches in der Handlung Verwendung finden kann (z. B. Stoffe, Schmuck, Kleidungsstücke). Nutzen Sie die Möglichkeit, durch den Umgang mit dem Requisit die emotionale Lage der Figuren zu verdeutlichen. ➔ Requisit S. 12 f.

UND DAFÜR WILL ICH RACHE

Nach Friedrich Hebbel: Die Nibelungen, 2. Abteilung, 3. Akt, 7., 10., 11. Szene; 4. Akt, 3., 6. Szene

Die zutiefst gedemütigte und verletzte Brunhild fordert Rache. Hagen, der zwielichtige, aber königstreue Gefolgsmann Gunthers, wird sie ihr verschaffen. Die Sage erzählt vom Mord an Siegfried. Die Umsetzung auf der Bühne lässt viele Möglichkeiten einer Auflösung des Konfliktes zu.

BRUNHILD Hast du's gehört?

HAGEN Sie sagte gewiss zu viel, doch dieses steht fest, dass du betrogen bist.

BRUNHILD Verschmäht! Weib, wenn du in seinen Armen auch eine Nacht gelacht hast über mich, so sollst du viele Jahre dafür weinen! Ich ward nicht bloß verschmäht, ich ward verschenkt, ich ward wohl gar verhandelt! Das ist noch mehr als Mord, und dafür will ich Rache!

HAGEN Der Mann muss sterben, der dir das getan!

GUNTHER Er ist kein Frevler! Konnte er dafür, dass er den Beweis sich mitgenommen hatte und dass Kriemhild ihn fand?
Nun denn? Was bleibt?

BRUNHILD Der Schwur der Königin!

KRIEMHILD Ich weiß, wie schwer ich sie gekränkt, und werde mir's nie vergeben, ja, ich möchte eher, dass ich's erlitten hätte als getan.
Mich quält jetzt Angst um Siegfried.
Ich bitt' dich, Hagen, achte du auf den Gemahl, denn er ist sorglos und verdient der Strafe nicht. Deine Königin beleidigt' ich allein.

HAGEN Ich glaube nicht, dass er des Schutz's bedarf – ist er doch unverwundbar, stark und schnell.

„So ist es, mein Gemahl!“

EIN TOTER MANN LIEGT VOR DER TÜR

Nach Friedrich Hebbel: Die Nibelungen, 2. Abteilung, 5. Akt, 5. Szene

TROSS Das Hofgesind des Königs war voll Zuversicht
Mich dünkt, in allen Zeiten kann ein Recke nicht
So ruchlos Ränke spinnen, wie Hagen sie erdacht,
Da arglos zum Vertrauten die schöne Kriemhild ihn gemacht.
TROSS Heiliger Gott!
Ein toter Mann
Ein toter Mann liegt vor der Tür
Ein toter Mann
KRIEMHILD So ist es mein Gemahl?
TROSS Wer hat euch das angetan?
KRIEMHILD Das riet Brunhild, und Hagen hat's getan!

Mord und Reaktion ✪ **1.** Wie kann Siegfried auf der Bühne ermordet werden? ✪ **2.** Entwickeln Sie Vorschläge für einen glaubwürdig verübten Mord an Siegfried. ✪ **3.** Bieten Sie Variationen an, bei denen zum einen nur Hagen als Mörder, zum anderen der Tross als „Mithelfer“ fungiert. ✪ **4.** Richten Sie besonderes Augenmerk auf das Verhalten des Trosses während des Mordes und danach; so kann sich der Tross z. B. zurückhaltend oder stark engagiert zeigen. ✪ **5.** Spielen Sie mehrere Varianten durch und achten Sie dabei auch auf die Individualisierung der einzelnen Tross-Mitglieder. ✪ **6.** Entscheiden Sie, wie sich Kriemhild zu Siegfrieds Tod und der Erkenntnis, dass Hagen der Mörder ist, verhält.

„Ein toter Mann“

Die Mittel

ROLLENVERTEILUNG Die vorliegende Bearbeitung stützt sich auf 6 Rollen: Gunther, Siegfried, Hagen, Kriemhild, Brunhild, Tross. Eine wesentliche Rolle kommt dem Tross zu, da er durch Wort und Spiel zum einen kommentiert und reflektiert, zum anderen aber auch selbst die Handlung vorwärts treibt.

Gruppenverhalten **1.** Schauen Sie sich alle Tross-Texte an und probieren Sie aus, welche Wirkung Sie erzielen, wenn der Tross identisch – wie ein Mann – agiert oder wenn jedes Trossmitglied individuelle Züge erhält. **2.** Stellen Sie den Tross-Figuren Fragen zu ihrer inneren Haltung und Meinung zu den beobachteten Konflikten. **3.** Entscheiden Sie, welche Gesamthaltung oder Entwicklung der Tross nehmen kann (ist er neutral gegenüber allen anderen Figuren oder verhält er sich zwiespältig; kann man den Tross selbst in Parteien splitten usw.). **4.** Überlegen Sie, ob der Tross am gesamten Geschehen auf der Bühne beteiligt ist oder ob er nur teilweise anwesend sein soll.

Tipp Wenn der Tross durchgängig anwesend ist, empfiehlt sich auch die Überlegung nach den Standorten auf der Bühne. Gibt es wechselnde Platzierungen, die ihn voyeuristisch, vorsichtig oder präsent erscheinen lassen? ➔ Raum, S. 10 f.

Eifersucht und Machtstreben

INNERE HALTUNG Die Figuren des Nibelungenliedes unterliegen sehr stark den archaischen, ursprünglichen Mustern von Liebe, Eifersucht, Machtstreben und Rache.

Sichtbarmachen von Gefühlen **1.** Bilden Sie Standbilder zu allen Figuren, in denen Sie Abhängigkeiten und Beziehungen untereinander deutlich machen. **2.** Legen Sie dabei jeweils die einzelnen Szenen zu Grunde. Gestalten Sie Standbilder zu folgenden archaischen Begriffen: Liebe, Sehnsucht, Verlangen, Hass, Eifersucht, Rache, Mord, Mitleid. **3.** Beziehen Sie diese Bilder nun auf folgende konkrete Konstellationen: Verlangen: Gunther nach Brunhild ➤ Überheblichkeit: Brunhild gegenüber den Burgunden ➤ Liebe: Kriemhild zu Siegfried ➤ Ablehnung: Brunhild/ Gunther **4.** Finden Sie weitere Konstellationen, welche die Textvorlage bietet, und setzen Sie diese in Statusbilder, d. h. Bilder von Dominanz und Unterlegenheit, um.

Tipp Hagen hat wenig Text. Entwickeln Sie hier vor allem ein Bewegungs- und Haltungsmuster für die Rolle.

Kostümprobe

RAUM/BÜHNE/LICHT Die Handlung des Nibelungenliedes spielt an verschiedenen Orten: Gunthers Schloss, Brunhilds Schloss auf Isenstein, Schlafgemach für die Hochzeitsnacht, Ort des Streites der Königinnen, Ort des Mordes an Siegfried usw. Es bietet sich an, Bühnenteile zu gestalten, die den jeweiligen Raum neu definieren können.

Bühnenbild und Bühnenlicht **1.** Entwerfen Sie aus einfachen Mitteln wie Holz, Styropor oder Stoffen Elemente, durch deren Umbau man jeweils neue Räume gestalten kann. **2.** Welche Lichtstärke wäre z. B. für den Kampf zwischen Gunther und Brunhild auf Isenstein oder die Hochzeitsnacht von Siegfried und Kriemhild stimmig? ➔ Bühnenbild S. 17, Licht S. 18ff.

Tipp Kisten sind neutrale Elemente, sie können z.B. aufgeschichtet zu Türmen, nebeneinandergestellt zu Hochzeitsbetten werden. Halbdurchsichtige Vorhänge können dem Tross als Beobachtungsort dienen.

KOSTÜM Durch die Kostümgestaltung wird der optische Charakter der Inszenierung grundlegend beeinflusst. Eine naturalistische, abstrahierende, verfremdende oder stilisierte Form von Kostümen beeinflusst die Gesamtwirkung entscheidend.

Kostüm und Aussage **1.** Welche Art von Kostümen wollen Sie verwenden? Abstrakt-zeichenhaft, historisierend-zeitgebunden oder modern? **2.** Für den Tross empfiehlt sich eine uniformartige Kleidung. Testen Sie, wie man ihn in seiner Rolle durch die Kostümgebung unterstützen kann. Arbeiten Sie mit Stoffen, Hüten, Requisiten ... ➔ Kostüm S. 16

MATERIAL

Folgende Textvorschläge könnten zusätzlich in Szenen eingearbeitet werden. Sie passen zu unterschiedlichen Figuren und Spielsituationen.

1. Was hast du mit meinem Herzen getan?

Was hast du mit meinem Herz gemacht?
Was hast du mit meinem Herz gemacht?
Keiner darf wissen, was du mit meinem Herz getan hast.
Keiner darf wissen, was du mit meinem Herz getan hast, getan hast.

Die Erde, die Hügel, werden vom Grün umarmt
Mein Schatz, wie grün, wo ist dein Grün
Hat meine Hand gefärbt.
Das Gras, die Haare, werden vom Rot verbrannt
Mein Schatz, wie rot, du bist dein Tod,
hat meine Hand gefärbt.
Die Erde, die Hügel, werden vom Grün umarmt
Mein Schatz, wie grün, du bist dein Grün
Hat meine Hand gefärbt.

Was hast du mit meinem Herz getan?

MATERIAL

2. Das gelbe Monster

Warum hat er es
Und warum hab ich's nicht
Warum bin ich hier
Und nicht anderswo
Da wo alle sind
Da wo alle sind

Und warum kann ich nicht
Warum lass ich es
Immer wieder zu mir rein
Dieser Neid zerfrisst mein Hirn
Und das Monster flüstert leis:
Du kannst noch mehr
Du kannst noch mehr

Ich halt das nicht mehr lange aus
Ich werf das gelbe Monster raus
Es bohrt sich mitten in mein Herz
Und es fängt von vorne an
Dass ich gar nicht anders kann
Der Neid verändert mein Gesicht
Das gelbe Monster bin ja ich
Und es macht mich blind
Lässt mich böse sein
Macht zum Sklaven
Mich meiner
Eigenen Gedankenwelt
Bis sie zusammenfällt
Und mich nichts mehr hält

Ich spritz mit Gift nur so um mich
Möchte dass es alle trifft
In meinem Herzen blüht der Horror
Bin mein eigner Terrorist
Und ich lieg schon in der Gosse
Doch das Monster flüstert leis:
Du kannst noch mehr
Du kannst noch mehr

Ich halt das nicht mehr lange aus
Ich werf das gelbe Monster raus
Es bohrt sich mitten in mein Herz
Und es fängt von vorne an
Dass ich gar nicht anders kann
Der Neid verändert mein Gesicht
Das gelbe Monster bin ja ich

Hagen Tronje in „Nibelungen"-Verfilmung, Deutschland 1923/24

Helmut Krausser

Haltestelle. Geister.

„Die Welt ist in Bewegung. Nur an den Haltestellen hält sie kurz inne, besinnt sich, bleibt sich ihrer ungewiss, geht fort."

MOTTO AUS „HALTESTELLE. GEISTER."

ERST EINMAL IST DA NUR EINE BUSHALTESTELLE, DANN KOMMEN MENSCHEN. SIE TREFFEN SICH HIER UND OFFENBAREN IHRE SEHNSÜCHTE, WÜNSCHE UND AUCH IHRE ABGRÜNDE. SIE SUCHEN EINANDER, MANCHE FINDEN ZUEINANDER, AGIEREN WIEDERUM GEGENEINANDER – UND PLÖTZLICH KOMMT DER TOD INS SPIEL.

Haltestelle. Geister.
Der Inhalt

Die Anonymität der Menschen manifestiert sich schon in ihren Namen: Der Mann vom „Grillimbiss“ trifft auf „Tallulah“, die behauptet, sie sei außerirdisch. Weil er sie verspottet, endet die erste Begegnung im Streit; die beiden werden die Nacht brauchen, um das zu bereinigen. .... Diese erste Szene ist symptomatisch, denn es sind zunächst Konflikte, die den Umgang miteinander bestimmen. Die drei „Tussen“ nehmen den „älteren Mann“ aus und sind sich letztlich selbst nicht grün. (Der Mann aus der) „Oper“ und seine Frau sind im Streit über den misslungenen Besuch einer Tristan-Inszenierung. Und „Rico“, der Pillendealer, muss sich ständig gegen die Schnorrereien seiner Kundschaft wehren. .... Mit dem zweiten Teil kommt das Sterben: Der ältere Mann fährt mit dem Auto gegen eine Mauer und überfährt dabei absichtlich „Pferdeschwanz“. Rico wiederum wird in der Disco erschossen, weil er während einer Razzia versehentlich eine Pistole zieht. Diese und alle weiteren Toten müssen vor Ort bleiben. Sie bilden eine kommentierende Gegengesellschaft zu den Lebenden, mit denen sie über den „Tütenpenner“ zu kommunizieren versuchen. Als Medium hört er die Toten und kann zugleich mit den Übriggebliebenen reden. Die Kommunikation ist allerdings zum Scheitern verurteilt, sie trägt dem Penner nur Schläge ein. .... Am Ende verlassen die Toten die Welt mit unbekanntem Ziel. Zurück bleiben die Restbestände einer kalten Gesellschaft, die in der Nacht zueinandergefunden haben. Das Schlusswort gehört aber der „Blinden“, die beständig ihren Mann sucht, der, das weiß der Zuschauer, nicht mehr zu finden ist. „Hallo?“, ruft sie zwei Mal – dann ist Stille.

Helmut Krausser
Der Autor

*1964 in Esslingen Opernstatist, Sänger, Journalist, Nachtwächter, Hilfsarbeiter, Rundfunksprecher, schließlich Schriftsteller. Das Leben Helmut Kraussers scheint eines voller Brüche zu sein. Die vielfältigen Beschäftigungen nach seinem Abitur fehlen in keiner Biographie und auch die Tatsache, dass Krausser einige Zeit als Obdachloser lebte, wird häufig genannt. .... Diese Informationen lassen die Persönlichkeit schillern, nicht auszuschließen ist auch, dass der Autor dadurch stilisiert werden soll. Angesichts des bisherigen Œuvres deutet sich jedenfalls an, dass Krausser in besonderer Weise Stoffe und Motive seiner Werke der persönlichen Erfahrungswelt entlehnt. Seine Romane und Theaterstücke spiegeln sowohl das pralle Leben als auch die Schattenseiten menschlichen Daseins. Krausser lebt in München. **DIE ROMANE** Krausser reüssiert zunächst mit Romanen. Aus der Hagen-Trinker-Trilogie, die das Leben des Berbers Hagen Trinker beschreibt, ist „Fette Welt“ (1992) am bekanntesten. Das Buch wurde mit Jürgen Vogel in der Hauptrolle verfilmt. Seinen literarischen Durchbruch erlebt Krausser mit dem Roman „Melodien“ (1993). Es folgen „Thanatos“ (1996), „Der große Bagarozy“ (1997), „Schmerznovelle“ (2001) und „UC“ (2003). **WEITERE STÜCKE** Nach „Lederfresse“ (1994) und „Spät weit weg“ (1997) ist „Haltestelle. Geister.“ (2001) das dritte Theaterstück des Autors. ➤ Im Sommer 2005 veröffentlicht Krausser mit „Diptychon“ sein bisher letztes Bühnenwerk.

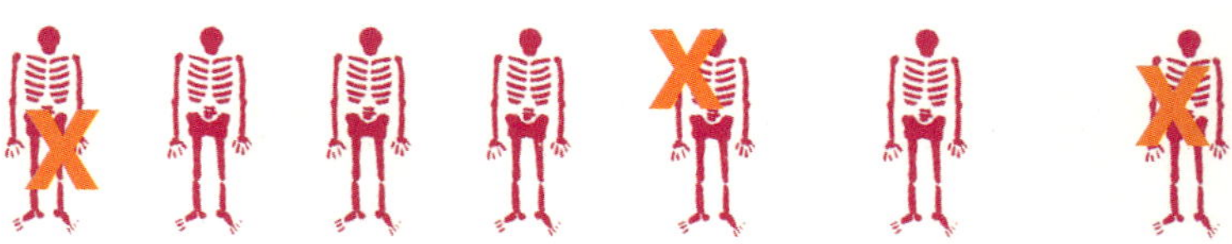

Haltestelle. Geister.
Das Werk

Man könnte Helmut Krausser vorwerfen, es ginge ihm in seinem Stück einzig um den skurrilen Tabubruch. Die Sprache strotzt vor Kraftausdrücken, es werden kräftig Drogen verschoben und eingeworfen, es wird getötet und gemordet, eine Hitler-Imitation sorgt für sexuelle Erregung, wie überhaupt derbste Fantasien eines offensichtlich sadomasochistischen Pärchens dazu geeignet sind, den Theaterbesucher zu verstören. .... Bei aller Konfrontation und Provokation gibt es allerdings ein einigendes Band im Stück. Nahezu alle Figuren sind auf der Suche nach ihrem Selbst und damit auch nach einem Sinnzusammenhang in der Welt. Dieser könnte in zwischenmenschlicher Nähe liegen, deren Mangel die Figuren zwar spüren, die sie aber kaum realisieren können. Insofern ist der brutale Fortgang der Handlung, die schließlich in zahlreiche Todesfälle mündet, nur konsequent: Gefühlskälte und Bindungslosigkeit werden im weiteren Verlauf durch die immer zahlreicher auftretenden Opfer dieser Gesellschaft düster kommentiert. .... Dennoch: Es sind gerade die Versuche, individuelles Glück zu erlangen, die für stille Momente im Stück sorgen, aus denen es seine Kraft erfährt.

AUFFÜHRUNGSGESCHICHTE Von Aufführungsgeschichte im eigentlichen Sinne kann bei „Haltestelle. Geister." kaum gesprochen werden, weil es für Geschichte im quantitativen Sinne kaum reicht. Der Grund dafür mag in der von der Presse mit kritischen Worten bedachten Uraufführung liegen; diese fand im September 2000 am Hamburger Schauspielhaus statt (Regie: Jan Bosse). In erster Linie sind es kleine Bühnen, die sich in der Folge mit dem Stück befassen.

ORIGINALTEXT

Helmut Krausser

Haltestelle. Geister.

Grillimbiss, Tallulah + Eva – Geister – später Conny.
2. Hälfte, 9. Szene

Rico ist während einer Razzia erschossen worden, was Grillimbiss und Tallulah noch nicht wissen. Er ist allerdings bereits als Toter auf der Bühne. Eva hat die Erschießung des Dealers miterlebt.

Anmerkung: Um die Kommunikationsstruktur verstehen zu können, muss man wissen, wer bereits tot ist. Die Toten sind mit einem † gekennzeichnet. Der Tütenpenner lebt, kann aber die Toten hören.

Eva von links, sichtlich beeindruckt von Ricos Tod.

GRILLIMBISS Und wenn Rico nicht mehr kommt?

RICO † Was dann?

TALLULAH Pech.

RICO † Tut mir echt leid um mich.

EVA Hi.

GRILLIMBISS *kurz angebunden* Tschau.

PFERDESCHWANZ † Eva! *Tänzelt um sie herum.*

EVA *will schon weitergehen, disponiert um* Wartet ihr auf wen?

TALLULAH Verpiss dich.

PFERDESCHWANZ † Eva?

EVA Rico kommt nicht mehr. Ham ihn abgeknallt. In der Disco.

GRILLIMBISS *Pause* Blödsinn.

EVA Ich habs gesehen.

GRILLIMBISS Du lügst doch.

EVA Ist grad zwanzig Minuten her. Die Bullen machten Razzia. Er fuchtelte mit 'ner Pistole rum. Sah dämlich aus.

RICO † Hey! Ich war verwirrt. Nervös.

Älterer Mann † beginnt leise vor sich hin zu kichern.

EVA Wie n Vogel, der im Scheinwerfer flattert.

PFERDESCHWANZ † Von mir weiß sie noch gar nichts. Hey, Eva, ich bin auch tot!

GRILLIMBISS Kein Scheiß?

EVA Nee.

TÜTENPENNER *fungiert wieder als Medium* Ich – bin auch – tot.

EVA Musste nicht betonen.

RICO † *zum älteren Mann †* Genaugenommen bist du an allem Schuld. Was musstest die Knarre mit dir rumschleppen?

TÜTENPENNER Bin an allem Schuld, klar.

ÄLTERER MANN † Hätten Se mich halt mal machen lassen.

PFERDESCHWANZ † Genau.

GRILLIMBISS So ein Mist.

TÜTENPENNER Genau.

TALLULAH Rico ist tot?

EVA Biste schwer von Begriff? T.O.T.

TALLULAH Was mach ich denn jetzt?

GRILLIMBISS Rico war in Ordnung. Gepfefferte Preise, aber der Stoff ganz okay.

RICO † Danke.

TÜTENPENNER Bitte.

GRILLIMBISS N guter Kerl. Eigentlich.

TALLULAH Manchmal war er richtig großzügig.

EVA Manchmal.

TALLULAH Aus dem wär nie was geworden.

PFERDESCHWANZ † *zu Rico †* Eva wollte immer mal was mit dir haben.

RICO † Weiß ich doch. Wer nicht?

PFERDESCHWANZ † Eigentlich ist sie 'ne Lesbe.

RICO † Echt?

PFERDESCHWANZ † Leckt fantastisch.

TÜTENPENNER Lesbe?

EVA Mit wem redest'n du?

TÜTENPENNER Fetzen. In der Luft.

EVA Halt die Fresse!

TALLULAH Manchmal war er auch unmöglich. Ich soll auf den Strich gehen, hat er gesagt.

EVA Unmöglich, echt.

TALLULAH Tankstellen ausrauben soll ich. Hat er gesagt.

GRILLIMBISS Zu mir war er immer fair.

RICO † Das stimmt.

GRILLIMBISS Wie man eben fair sein kann in dem Geschäft.

PFERDESCHWANZ † He, Penner!

TÜTENPENNER Penner.

GRILLIMBISS Vorsicht, ja?

PFERDESCHWANZ † Sag Eva einen schönen Gruß.

TÜTENPENNER Eva. Einen Gruß.

EVA Klappe!

[...]

> ***Raum/Bühne/Licht*** ✪ In dieser Szene treffen Tote und Lebende aufeinander. Entwerfen Sie ein Bühnenkonzept, das den verschiedenen Dimensionen dieser Szene gerecht wird. ✪ Unterschiedliche Realitätsebenen können auch durch den Einsatz von Licht deutlich gemacht werden. Entwickeln Sie eine Lichtregie für diese Szene.

Oper + Eva + Geister + Internet.

2. Hälfte, 12. Szene

Oper von rechts, mit zwei verschnürten Paketen. Weicht der Haltestelle aus, geht in den Hintergrund, steigt über einen Zaun.

FRAU DER OPER † Liebling! *Zu den anderen Geistern.* Was er da trägt – das ... bin ich!

ÄLTERER MANN † So sollten Sie das nicht interpretieren.

FRAU DER OPER † Wo will er denn hin mit mir?

RICO† Schrottpresse.

PFERDESCHWANZ † Ach? Und ich bin n Lästermaul?

RICO † Wer die Wahrheit sagt, lästert nicht.

FRAU DER OPER † Oj.

Eva wählt auf dem Handy eine Nummer.

RICO † Hat er ganz gute Chancen damit. Irgendwo innen Kofferraum mit dem Zeug ...

FRAU DER OPER † Das Zeug bin ich!

EVA He, bist du da? Heb ab.

PFERDESCHWANZ + Sie meint mich.

RICO + Zeug. Alles nur Zeug.

EVA Blöde Kuh! Verdammt. *Klappt das Handy zusammen.*

FRAU DER OPER + Findet ihr, er hat leidend ausgesehen? Schon, oder?

ÄLTERER MANN + Ja. Sehr.

Die Geister sitzen im Dunkeln, eng aneinander, als frören sie. Werden Staffage. Bewegen sich nicht. Der Zuschauer muss sie beinahe vergessen.

Licht/Atmosphäre ✪ **Entwickeln Sie eine Lichtregie zu dieser Szene, die auch der Regieanweisung entspricht, der Zuschauer solle die Geister am Ende „beinahe vergessen". ✪ Erpoben Sie weitere Möglichkeiten, die Atmosphäre dieser Szene zu verdichten/zu brechen: Musik, Projektionen...** ➔ z. B. S. 107

Die Blinde und der Pillendealer

1. Hälfte, 4. Szene

Eine blinde alte Frau, schwarzgekleidet, mit weißem Stock, geht von rechts auf die Bushaltestelle zu. Rico schlürft laut sein Bier. Beachtet die Alte nicht.

DIE BLINDE Verzeihung. Ist das hier die Bushaltestelle?

RICO Biste blind?

DIE BLINDE Ja.

RICO *sieht sie an* ... Oh ... Tschuldigung.

DIE BLINDE Dann ist das hier die Bushaltestelle?

RICO Nein.

DIE BLINDE Wo ist sie denn?

RICO Irgendwo dahinten.

DIE BLINDE Diese Richtung?

RICO Hmmhm.

DIE BLINDE Danke.

Die Blinde geht links ab. Rico nippt weiter an seinem Bier.

Tipp Vertrauensübungen zum Thema *Blindheit.* Die Gruppe teilt sich in Paare auf, die sich gegenseitig abwechselnd führen. Eine Person schließt die Augen und wird an den Schultern durch den Raum geführt. Kollisionen sind zu vermeiden, es darf nicht gesprochen werden. Mögliche Erweiterung: Die blinde Person geht frei und wird durch Berührungen auf die rechte/linke Schulter gelenkt oder folgt nur noch einem akustischen Signal, z.B. einem abgesprochenen Wort.

Innere Haltung – äußere Gestaltung

Entwickeln Sie für die Szene ein Konzept für die Körpersprache beider Figuren. Die innere Haltung und die äußere Situation sollten sich darin spiegeln.

Formen der Inszenierung

Haltestelle. Geister.

Trash-Oper im breiten Stil nach Helmut Krausser

von Jan-Henning Steuer

KONZEPTIONELLE IDEE Die Gesellschaft, wie Krausser sie in „Haltestelle. Geister." vorführt, scheint zunächst einmal die Erfahrungswelt von Jugendlichen kaum zu berühren, sind es doch Sonderlinge und Außenseiter, die an der Haltestelle auftauchen. Aber unter dieser Oberfläche liegen auch Probleme, die Jugendliche betreffen. .... So ist „Haltestelle. Geister." ein Stück, das Lebensbrüche thematisiert und grundsätzliche Sinnfragen aufwirft, die vor allem für ältere Schülergruppen spannende Ansatzpunkte für eine Beschäftigung bieten. .... Das Inszenierungskonzept sollte deshalb versuchen, diese Aspekte in besonderer Weise herauszuarbeiten. Ein zentrales Thema sind beispielsweise Beziehungen im engeren bzw. weiteren (und damit eher gesellschaftlichen) Sinn. Darüber hinaus stellt sich das Stück der existenziellen Frage nach dem Tod und welche Konsequenzen die menschliche Sterblichkeit für die individuelle Lebensgestaltung hat. .... Durch die in den Text eingearbeiteten inhaltlichen und sprachlichen Provokationen werden diese Themen möglicherweise zum Teil überdeckt, sodass gegebenenfalls eine behutsame Anpassung bzw. Streichungen vorgenommen werden müssen.

Rollenarbeit ✪ **1.** Welche Besonderheiten sind für die Beziehungen zwischen den Menschen charakteristisch? Auf welche Weise können Sie das in die jeweiligen Rollen einfließen lassen? ✪ **2.** Verdeutlichen Sie dies an der Szene 2/9 ➔ S. 94 f., indem Sie insbesondere das Verhältnis der anderen Figuren zum Tütenpenner berücksichtigen.

„Hörst dich ziemlich verheiratet an."

DER WEG ZUR INSZENIERUNG Ein Kernproblem bei der Arbeit mit einem fertigen Text ist der freie Umgang mit den Figuren und Inhalten, die sehr festgelegt wirken. Das gedruckte Werk hat eben eine eigene Autorität. Insofern ist es häufig günstig, sich dem konkreten Text zunächst zu entziehen. Ein erster Zugang zum Stück ist bereits ohne konkreten Szenen- bzw. Textbezug möglich. Die Atmosphäre einzelner Szenen bzw. des Stückes kann dadurch erspürt werden, dass die Spieler auf Basis einer thematischen Vorgabe kurze Spielsituationen entwickeln. Hier kann aus dem situativen Kontext heraus gearbeitet werden, ohne dass die konkrete Szene schon vor Augen stehen muss. Auf diese Weise wird bereits die Eigenheit in der Darstellung vorbereitet, der Text wird schneller zum Instrument, mit dem man später arbeiten kann. .... Folgende Aufgabenstellungen sind zwar für sich genommen ohne direkten Stückbezug, bereiten aber die Arbeit an „Haltestelle. Geister." vor.

Figurenentwicklung ✪ **1.** Ein Mann nähert sich einer Frau an einer Bushaltestelle. Welches Interesse könnte ihn leiten? Welche Reaktion zeigt die Frau? Setzen Sie diese Situation in einer kleinen Szene um, ohne dabei Sprache zu verwenden. ✪ **2.** Ein Mann ist extrem gehemmt, lediglich im Chatroom ist ihm bislang eine emotionale Öffnung möglich gewesen. Zeigen Sie seine Annäherung an eine reale Frau, die ihm gefällt. Entwickeln Sie zunächst eine Szene ohne Dialog.

„Ich schäm' mich für die zwei."

INNERE HALTUNG UND ROLLENVERTEILUNG In der folgenden Phase kann der Bezug zum Stück dann deutlicher werden, indem konkrete Szenen in den Mittelpunkt der Arbeit rücken. Dabei sollte das Ziel eine Annäherung an die Figuren sein, ohne dabei allerdings aus den Augen zu verlieren, dass es immer mehrere Darstellungsvarianten gibt. Die Spieler sollten unterschiedliche Rollen ausprobieren, wodurch jede Figur eine Deutungsbreite erhält. Durch diese Arbeitsweise offenbart sich die Vielschichtigkeit der Figuren. Häufig finden die Spieler auf diese Weise sehr schnell zu ihrer Rolle, sodass eine Rollenverteilung am Ende dieser Phase kaum mehr vorgenommen werden muss, da sie sich nahezu von selbst ergibt.

Körper und Emotion **1.** Welche Gefühle bewegen Tallulah? Versuchen Sie, ihre innere Situation nach außen zu spiegeln. Sie können hierbei verschiedene Mittel ausprobieren: Spiel mit einem typischen Requisit, Einsatz von Musik, Bewegungsmuster. **2.** Entwickeln Sie eine typisierende Darstellung für Rico, den Dealer, indem Sie verschiedene Bewegungsmuster und Sprachvarianten (Tempo, Sprechweise, Lautstärke) entwickeln → S. 96 f. **3.** Entwickeln Sie ein körpersprachliches Konzept für den Tütenpenner, der zwischen zwei Realitäten pendelt → S. 95 f. Wie können Sie diesen Zustand körperlich darstellen?

Tipp Probieren Sie unterschiedliche Varianten für Ihre Figur aus. Die Bandbreite kann dabei von schrill-überdreht bis introvertiert-gehemmt gehen.

„Was er da trägt – das bin ich!“

Die Mittel

RAUM UND BÜHNE „Haltestelle. Geister.“ ist, bezogen auf das Bühnenbild, scheinbar einfach strukturiert: Im gesamten Stück gibt es mit der Bushaltestelle nur einen Handlungsort. Daraus ergeben sich vielfältige Gestaltungsspielräume, weil nicht auf die Mobilität der Bühnenelemente Rücksicht genommen werden muss. .... Ein weiterer Aspekt, der Abwechslung in den Bühnenaufbau bringen kann, ergibt sich daraus, dass neben der realen Welt der Haltestelle eine metaphysische Ebene existiert, auf der die Geister agieren. Ein besonderer Reiz des Bühnenbildes liegt sicherlich in der Frage, wie Geister und Lebende zueinander positioniert werden sollen.

Bühnenbild ✪ Entwerfen Sie mehrere Bühnenbildmodelle (konkrete/abstrakte) für die Haltestelle und diskutieren Sie Vor- und Nachteile. Binden Sie in Ihre Überlegungen ein, dass Sie mit mehreren Realitätsebenen arbeiten müssen. Die Regieanweisungen von Krausser sehen vor, die Haltestelle am Ende des Stückes verschwinden zu lassen.

Tipp Durch Podeste können Sie einzelne Gruppen erhöhen. Eine davorgesetzte Fläche kann auch als Projektionsfläche für Bilder oder Schattenspiele eingesetzt werden.

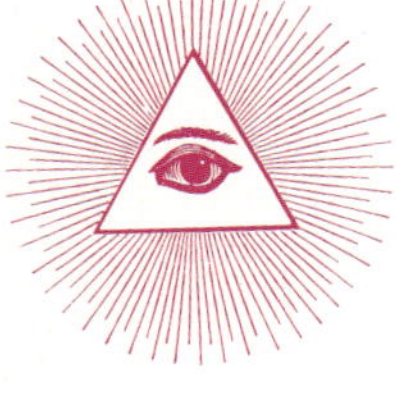

Ihr Verstand bleibt klar, die Motorik setzt aus.

KOSTÜM UND REQUISIT Da es sich bei Kraussers Text um ein Gegenwartsstück handelt, ist die Kostümfindung nicht sehr schwierig – in vielen Fällen reicht der heimische Kleiderschrank. Allerdings sollte die unterschiedliche Wirkung verschiedener Kostüme für eine Figur unbedingt ausprobiert und diskutiert werden. .... Darüber hinaus bietet es sich an, Figurengruppen, die in einem Zusammenhang stehen, auch über das optische Erscheinungsbild der Kostüme miteinander zu verbinden; dies böte sich beispielsweise bei Eva, Pferdeschwanz und ihrer Freundin Conny an. Eine weitere Möglichkeit, Kostüme zu variieren, liegt in der Ausstattung der Toten, die mit dem Leben durchaus auch das Kostüm preisgeben können. Bei der Uraufführung im Hamburger Schauspielhaus zogen die Toten beispielsweise ein weißes T-Shirt mit ihrem jeweiligen Namen über. S. 90 .... Die Requisiten können über den rein inhaltlich motivierten Funktionszusammenhang hinaus auch symbolische Bedeutung erhalten.

Kostüm und symbolische Bedeutung

1. Entwerfen Sie verschiedene Kostümvorschläge für die Figuren und diskutieren Sie die unterschiedlichen Wirkungen. Wie wollen Sie die Toten hervorheben? **2.** Die Kommunikation über Handy ist im Stück symbolisch aufgeladen, da sie für die anonymisierte Form der Kommunikation steht. Welche Möglichkeiten sehen Sie, diesen Aspekt durch den Einsatz der Handys auf der Bühne zu unterstreichen? Entwickeln Sie eine neue Szene.

LICHT Das Stück erzählt die Vorkommnisse einer Nacht. Daraus ergäbe sich für die Beleuchtung eine eher gedämpfte Stimmung, die evtl. durch blaues Licht unterstrichen werden kann. Allerdings spielt das Stück auch in einer Stadt: Es gibt die Imbissbude, ein Penner tritt auf, Leute kommen aus der Oper. Insofern sollte die Lichtregie auch die künstliche Beleuchtungssituation berücksichtigen. .... In Ergänzung zum Bühnenbild S. 102 sollte das Licht die zwei Realitätsebenen des Stückes unterstützen. Hier wäre beispielsweise der Einsatz von Farbfolien denkbar. .... Da es mit der Haltestelle nur einen Spielort gibt, bietet es sich an, die Bühne lichttechnisch zu segmentieren. Dadurch erhält man eine weitere Möglichkeit, zwischen Lebenden und Toten zu unterscheiden, aber auch der Wechsel zwischen verschiedenen Akteuren und Szenen wird erleichtert.

Experimente mit Licht **1.** Welche Möglichkeiten sehen Sie, den Bereich der Toten durch das Licht abzugrenzen? Experimentieren Sie mit unterschiedlichen Lichtquellen. **2.** Wie verändern Sie die Lichtsituation für die Himmelfahrt der Toten? Entwickeln Sie eine Lichtregie S. 18 f.

Tipp Gerade bei einer Bushaltestelle können auch Lichtquellen direkt auf der Bühne angebracht und genutzt werden (z. B. Neonröhren).

Musik klingt aus. Schwarz. Ende. Amen.

MUSIK, GERÄUSCH, MEDIEN Am Beispiel der Schlussszene wird deutlich, wie wichtig der Einsatz akustischer Mittel ist, aber auch wie hoch die Hürden durch die Textvorlage sein können. Krausser gibt die Regieanweisung: „Geräusch von oben, ein Summen, ein Brausen, wie von Hubschraubern, aber hell und gleichmäßig. Wind, der nach oben bläst. Licht. Geräusch sich öffnender Bustüren; grelles Flashlight; Blackout.“ (S. 205) Danach sollen die Geister verschwunden sein. .... Hieran zeigt sich, wie wichtig es ist, sich auch von den Regieanweisungen zu lösen. Sicherlich ist es möglich, den genannten Vorgaben zu entsprechen, sofern denn die entsprechenden Mittel zur Verfügung stehen. Der Einsatz von Musik ist allerdings eine weniger aufwändige Alternative. .... Abgesehen von der Schlussszene bieten sich im gesamten Stück Möglichkeiten des Einsatzes von Musik, schließlich nennt Krausser sein Stück im Untertitel eine „Trash-Oper“. Neben konkreten Vorschlägen, „elegische Musik läuft“ (S. 204), gibt es diverse Hinweise auf einsetzbare Lieder, so hat beispielsweise Tallulah eine Vorliebe für Elvis-Songs.

Einsatz von musikalischen Elementen ✪ **1.** Machen Sie Vorschläge für eine musikalische Untermalung der Schlussszene (Abgang der Toten). ✪ **2.** Proben Sie die Szene mit den verschiedenen Musikstücken.

Tipp Die Skurrilität einzelner Szenen kann auch durch Musik unterstrichen werden. Frank Sinatras Klassiker „My Way“ kann durchaus auf das Stück bezogen werden, eine extreme und „trashige“ Brechung erfährt das Lied in der Cover-Version von Sid Vicious (Sex Pistols).

Tipp Mit Bildprojektionen oder auch Videoeinspielungen können Sie Deutungsangebote für einzelne Szenen liefern. ➔ Tipp S. 102

MATERIAL

1. Finale

Helmut Krausser

2. Teil, 16. Szene (Ausschnitt)

[...]

MANN IM DUNKLEN MANTEL Meine Damen, meine Herren? Der Bus ist voll? Dann geht's los. Können wir?

Er trägt einen Kassettenrekorder, schaltet ein, elegische Musik läuft.

ÄLTERER MANN † Ich seh hier keinen Bus.

MANN IM DUNKLEN MANTEL Die Haltestelle ist der Bus.

ÄLTERER MANN † Ah.

PFERDESCHWANZ † Und wer bist du?

MANN IM DUNKLEN MANTEL Ich bin der, der nichts zur Sache tut.

[...]

MANN IM DUNKLEN MANTEL Mir nach.

PFERDESCHWANZ † Und wenn wir nicht wollen?

MANN IM DUNKLEN MANTEL Alle wollen. Niemand muß.

TÜTENPENNER † Und meine Geschichte?

MANN IM DUNKLEN MANTEL Rauchen Sie?

TÜTENPENNER † Oh. Danke. Endlich!

ÄLTERER MANN † War schön hier. Alles in allem.

SEHR ALTER MANN † Irgendwann ists genug. Erhebt sich.

[...]

FRAU DER OPER † Wenn ich auch mal was sagen darf –

MANN IM DUNKLEN MANTEL Bitte. Nutzen Sie die Gelegenheit. Wir hören sorgfältig zu.

FRAU DER OPER † Nichts.

Geräusch von oben, ein Summen, ein Brausen, wie von Hubschraubern, aber hell und gleichmäßig. Wind, der nach oben bläst. Licht. Geräusch sich öffnender Bustüren; grelles Flashlight; Blackout.

MATERIAL

2. Isoldes Liebestod

Mild und leise
wie er lächelt,
wie das Auge
hold er öffnet –
seht ihr's, Freunde?
Seht ihr's nicht?
Immer lichter
wie er leuchtet,
sternumstrahlet
hoch sich hebt?
Seht ihr's nicht?
Wie das Herz ihm
mutig schwillt,
voll und hehr
im Busen ihm quillt?
Wie den Lippen,
wonnig mild,
süßer Atem
sanft entweht –
Freunde! Seht!
Fühlt und seht ihr's nicht?
[...]

3. My Way

Frank Sinatra

And now, the end is near;
And so I face the final curtain.
My friend, I'll say it clear,
I'll state my case, of which I'm certain.

I've lived a life that's full.
I've traveled each and ev'ry highway;
And more, much more than this,
I did it my way.
[...]

Schmarotzer

„Sich wieder als richtiger Mensch fühlen, das wär toll."

EIN ARBEITSLOSER

FAULE SAU! DU LEBST JA NUR AUF KOSTEN DES STAATES. WER ARBEITEN WILL, DER FINDET AUCH ARBEIT. – DAS SIND SPRÜCHE, DIE ARBEITSLOSE ZU HÖREN BEKOMMEN. DIE MEISTEN VON IHNEN WÜRDEN GERNE ARBEITEN, DAMIT SIE WIEDER WISSEN, WOZU SIE LEBEN. SIE FÜHLEN SICH WERTLOS UND SCHÄMEN SICH VOR IHREN EIGENEN KINDERN. SIE HABEN ALLE ILLUSIONEN VERLOREN: „SO WIE MAN ALLEIN IN DER HERUNTERGEKOMMENEN WOHNUNG EINSCHLÄFT, SO WACHT MAN AUCH AUF. WUNDER GIBT ES NICHT. NICHTS UND NIEMANDEN GIBT ES AUF DER WELT, DER DIR HILFT."

Schmarotzer
Der Inhalt

Zwei, die noch Arbeit haben, buddeln ein Loch und träumen davon, alle Arbeitslosen und Sozialstaatschmarotzer in das Loch zu werfen, es müsste nur bodenlos sein. .... Kinder auf dem Spielplatz prahlen mit ihren Vätern, der eine ist Polizist, ein anderer Bibliothekar, einer ist sogar Chef. Nur ein Junge sagt nichts. Hämisch fallen die anderen über ihn her. So flüchtet er sich in aberwitzige Behauptungen. .... Zwei Nachbarinnen tratschen im Treppenhaus über eine aus dem Osten Hinzugezogene, die offensichtlich arbeitslos ist, aber vier Bälger zu versorgen hat. .... Ein Arbeitsloser hat am nächsten Tag ein Vorstellungsgespräch. In der Nacht plagt ihn ein fürchterlicher Albtraum. .... Ein Arbeitsuchender betritt einen Laden, um sich einen Job zu kaufen. Um ihn herum stehen die schönsten Berufe zur Wahl, z. B. der Arzt, großes Einkommen, wenig Freizeit, oder der Börsenspekulant, großes Einkommen, viel Freizeit. Er hat aber nicht genug Geld, so bleibt ihm am Ende nur das Sonderangebot: 50 Gramm Glück. Er kauft sich einen kleinen Kümmerling. .... Schließlich Frauen und Männer, die bei einem Motivationstraining lernen wollen, wie man erfolgreich wird und nicht mehr als Ameise dahinvegetiert, sondern sein Leben als Adler führt.

Die Projektidee
Schüler als Autoren

Warum sollen Schüler immer nur fertige Stücke spielen? Viel anregender kann es sein, selbst ein Stück zu entwickeln. Zum Beispiel eine Collage zum Thema „Arbeitslosigkeit". .... Bestimmt sind Sie auf irgendeine Art und Weise schon mit dem Thema konfrontiert worden, auch wenn Sie nicht unmittelbar betroffen sind. .... Tauschen Sie sich aus über Ihre Erfahrungen, verschaffen Sie sich Klarheit über Ihre Vorurteile. Nähern Sie sich dem Thema spielerisch ➔ S. 119 .... Auf diese erste Phase der Annäherung folgt eine zweite Phase der Recherche. Jeder von Ihnen sollte eine Arbeitslose oder einen Arbeitslosen interviewen und das Interview schriftlich dokumentieren. .... In einer dritten Phase werden dann auf der Basis des so gewonnenen Materials Szenen verfasst. Die Szenen auf den folgenden Seiten sind auf diese Art und Weise in einem Projektkurs Darstellendes Spiel entstanden. .... Aus dem Material der Interviews lässt sich schließlich auch ein Rahmen entwickeln, der die einzelnen Szenen zusammenhält.

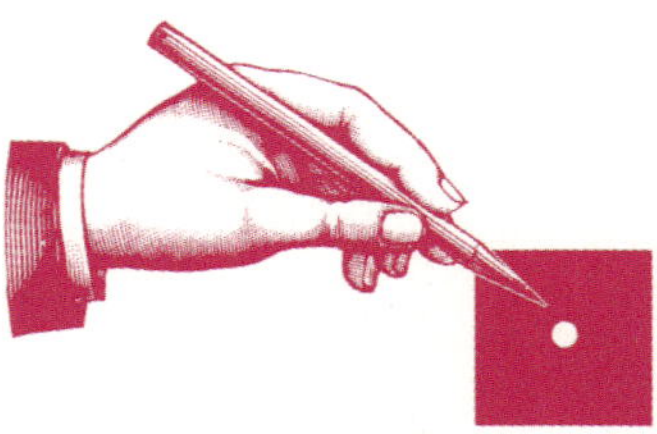

ORIGINALTEXT

Schmarotzer

DAS LOCH

Zwei Arbeiter mit Schaufeln vor einem Erdloch.

1. ARBEITER Weißt du, woran ich gerade denke?

2. ARBEITER Woran denkst du?

1. ARBEITER Nehmen wir mal an, das Loch hätte keinen Boden.

2. ARBEITER Ausgeschlossen. Das geht gegen die Logik.

1. ARBEITER Du sollst es dir auch nur vorstellen.

2. ARBEITER Meinetwegen.

1. ARBEITER Also: Das Loch ist bodenlos.

2. ARBEITER Ist gut.

1. ARBEITER Und nun stell dir vor, da würde man alle Schwarzarbeiter reinwerfen.

2. ARBEITER Das ist schön.

1. ARBEITER Und da im Loch noch immer Platz ist, werfen wir alle Schnorrer gleich hinterher.

2. ARBEITER Fein. Niemand mehr, der uns auf der Tasche liegt.

1. ARBEITER Aber im Loch ist immer noch Platz. Also nehmen wir alle Obdachlosen, und rein damit.

2. ARBEITER Klasse Erfindung, so ein Loch.

1. ARBEITER Aber das Beste an der Sache ist, dass immer noch mehr reingeht. Deshalb ist immer noch genügend Platz vorhanden für den ganzen Rest. Denk nur, alle Menschen ohne Arbeit könnten wir in dieses Loch schmeißen. Alle Probleme wären damit gelöst.

2. ARBEITER Das würde bedeuten ...

1. ARBEITER Ja, es gäbe keine Arbeitslosigkeit mehr.

2. ARBEITER Und dann, nach einer Weile, sind die nächsten arbeitslos.

1. ARBEITER Na und?

2. ARBEITER Dann fängt der ganze Schlamassel wieder von vorne an.

1. ARBEITER Eben nicht. Das Loch ist doch bodenlos.

2. ARBEITER Aber das geht nicht. Das geht gegen die Logik.

1. ARBEITER Nur angenommen.

2. ARBEITER Ach, das wäre schön.

Black.

Spiel mit Requisit ✪ Experimentieren Sie mit Schaufeln. Was kann man alles damit machen? ✪ Machen Sie sich klar, welche Einstellung die beiden Arbeiter gegenüber Arbeitslosen haben. ✪ Probieren Sie aus, wie Sie durch den Umgang mit dem Requisit „Schaufel" diese Einstellung entlarven können. ✪ Finden Sie einen Sprachduktus für die beiden Arbeiter, der ihre Haltung entlarvt.

Tipp zum Sprachduktus Experimentieren Sie mit dem Sprechtempo (z. B. übersteigerte Langsamkeit) und dem bewussten Setzen von Pausen (auch an unerwarteter Stelle). Beachten Sie dabei, dass das Sprechtiming im Bezug zum Spieltiming steht.

UMSCHULUNGS-TRIPTYCHON MIT FEDERVIEH

Männer und Frauen auf kleinen Podesten, im Hintergrund eine Leuchtreklame für ein Getränk: „Prepare to get burnt"; die Männer zum Teil in schäbigen Anzügen, die Frauen in Kostümen; starr, aber nicht uniform; einige, im Vordergrund und deutlich abgesetzt, als Charaktere erkennbar.

MANN 1 Wenn ich ein Adler wär,
ich würde mich eilen
und käme zu ihr,
würde bei ihr verweilen.
Würde sie küssen.
Eine Dreiviertelstunde.
Dann flöge ich weiter.
Um die Welt.
Eine Runde.

MANN 2 Wenn ich ein Adler wär, würde ich als Erstes Herrn Alzner auf den Kopf scheißen. Wir bedauern, Ihre Mitarbeit zum Ersten des folgenden Monats nicht mehr in Anspruch nehmen zu können. Der Arsch! Oh, Adler sein! Ich würde bis in den Himmel fliegen ...

FRAU 1 Wenn ich ein Adler wär ... das wäre schön.

MANN 3 Ein Adler? Ich wollte nie ein Adler sein. Im Leben nicht!

MANN 4 400 Piepen hat mich dieser verdammte Platz gekostet! Wo soll ich 400 Piepen herkriegen? Ich muss ein Adler werden! 400 Euro! Früher war Weiterbildung Steno und Word Perfect für 150 bei der Volkshochschule. Wenn ich diesmal kein Adler werde, dann heißt das in Bottrop, der Schinkmann hat wieder alles versoffen. 400 Eier!

MANN 2 ... und dann mitten auf die Glatze: platsch!

MANN 3 Feuerwehrmann oder Busfahrer, ja! Aber Adler! Das ist eine kindische Idee, wissen Sie, als ob ich nicht schon genug um die Ohren hätte. Warum nicht gleich ein Flugzeug oder eine Rakete? *Spöttisch* Mein Herr, warum sind Sie keine Rakete?

FRAU 1 Ein Nest würde ich mir bauen, auf irgendeinem Kirchturm. *Sie stutzt* Dabei weiß ich gar nicht, ob Adler auf Kirchtürmen leben. Adler sind große Vögel. Ich habe noch nie einen Adler auf einem Kirchturm gesehen.

FRAU 2 Adler, die haben sowas Dynamisches.

MANN 2 Ich würde natürlich auch der ollen Zinnowitz auf den Kopf scheißen. Aber zuerst Alzner.

Königsauftritt des Motivationstrainers. Die Seminarteilnehmer verhalten sich wie Schüler beim Erscheinen des Lehrers.

TRAINER Wilkommen in der Familie der Adler! Jetzt können Sie natürlich sagen: „Zwölftausend Irre und du mitten unter ihnen!“ Sie werden jetzt fragen: „Was soll ich da? Ich bin Arbeitsloser und kein Topmanager.“ Ich aber sage Ihnen: Sie sind die zwei Prozent, die Adler sein wollen. Ihr alltägliches Umfeld, das sind die 98 Prozent, die ihr Leben dumpf, mediokER und als Ameisen absitzen. Doch bevor wir gemeinsam abheben, sprechen sie mir nach: Ich bin gut! Ich bin heiß! Ich bin ein Adler! Ich will es wissen!

ALLE *murmeln durcheinander:* Ich bin gut! Ich bin heiß! Ich bin ein Adler! Ich will es wissen! *Dabei zögern sie vor den Wörtchen „gut“, „heiß“ und „Adler“.*

TRAINER Was? Das soll alles gewesen sein? *Brüllt* Ich bin gut! Ich bin heiß! Ich bin ein Adler! Ich will es wissen!

ALLE *murmeln:* Ich bin gut! Ich bin heiß! Ich bin ein Adler! Ich will es wissen!

TRAINER Stehen Sie auf und laufen Sie! *Fängt an zu laufen:* Wer läuft, lebt in der Welt der Leichtigkeit, des Lächelns und der Endorphine! *Alle laufen.*

TRAINER Ich bin gut! Ich bin heiß! Ich bin ein Adler!

ALLE *murmeln unsicher:* Ich bin gut! Ich bin heiß! Ich bin ein Adler!

TRAINER *muss sich zusammennehmen:* Gut, ich sehe, wir müssen ganz von vorn anfangen. *Zu einem Mann:* Schauen Sie Ihren Nachbarn an: Auf welcher Energiestufe zwischen eins und zehn steht er?

MANN *unsicher:* Vier bis fünf würde ich sagen.

TRAINER Vier bis fünf! 90 Prozent aller Menschen stehen auf den Stufen vier, fünf und sechs. Zum Leben zu wenig, zum Sterben zu viel. Ab sieben, da sieht man das innere Feuer in Ihren Augen, da werden Sie fürs andere Geschlecht interessant. Wer hat hier schon mal mit dem Rauchen aufgehört? *Einige melden sich.* Und wer hat schon ein Kind gekriegt? *Einige melden sich.* Mit dem Rauchen aufhören bedeutet Schmerzen, Kinder kriegen bedeutet Schmerzen! Doch nur so gibt es Wachstum! Raus aus der Komfortzone, wo man sich bequem eingerichtet hat! Ansprüche erhöhen! *Zu einer dicken Frau in der ersten Reihe:* Ich bin ein Adler!

DICKE FRAU *wiederholt:* Ich bin ein Adler.

Motivationstrainer trinkt zufrieden aus einem Wasserglas. Leuchtschrift: „Acht Erfolgskassetten plus Entspannungskassette 79,- €“. Murmeln.

TRAINER *Und vor allem:* Weg von negativen Reizen! Sie sagen: „Ja, aber wie?“ Ich sage: „Mit Stress!“ Jawohl, mit Stress! Stress ist der stärkste Wachstumsimpuls für unser Leben, 60 Prozent aller Reaktionen sind Stressreaktionen! Kommen Sie mal her! Ja, Sie! *Zeigt auf einen unscheinbaren Mann in der Mitte; der Mann senkt errötend den Blick und kommt langsam nach vorn.*

TRAINER Sie sind Herr …?

MANN Blumkohl. Friedrich Blumkohl. *Streckt die Hand aus; allgemeines Schmunzeln.*

TRAINER Friedrich, was ist Ihr Problem?

MANN Sehen Sie: Ich habe ja gar kein Problem. Bei meinem letzten Vorstellungsgespräch –

TRAINER Doch Friedrich, Sie haben ein Problem, sonst wären Sie heute nicht hier. Ich sage Ihnen, was ihr Problem ist: Sie sind eine Ameise, die niemals hochschaut, wo die Adler kreisen. Der Körper kann nicht lügen. *Zu den anderen:* Wer weiß, was Friedrich falsch gemacht hat? *Murmeln, Köpfenicken, Meldungen.* Ja?

FRAU Er war etwas vorsichtig, würde ich sagen.

TRAINER *strahlt:* Richtig! Das erfolgreiche Vorstellungsgespräch beginnt mit – na?

FRAU Blickkontakt!

TRAINER Jawohl, Blickkontakt, immer Blickkontakt! Zeigen Sie Ihre Adleraugen! Wer macht es richtig? *Meldungen.* Sie da in der letzten Reihe, kommen Sie zu mir! *Mann steigt, ständigen Blickkontakt haltend und etwas grob, über die Zuschauer.* Sie sind –

MANN *brüllt:* Wenzel, Klaus!

TRAINER Sehr gut, Klaus! Setzen Sie sich bitte! *Mann triumphierend ab.* Haben Sie gesehen, Friedrich? Der Erfolg beginnt vor dem Erfolg! Erfolg ist Erfolg!

BLUMKOHL *mechanisch:* … ist Erfolg.

TRAINER Und jetzt: das Bewerbungsgespräch. *Plötzlich förmlich:* Bitte, Herr Blumkohl. Sie haben sich also für die Stelle des Marktleiters bei uns beworben.

BLUMKOHL Äh, nein.

TRAINER Nehmen wir einmal an, Sie hätten sich um die Stelle des Marktleiters beworben.

BLUMKOHL Ja.

TRAINER Gut. Sie haben sich also bei uns um die Stelle des Marktleiters beworben.

BLUMKOHL Wissen Sie, –

TRAINER *wütend:* So ist es!

BLUMKOHL So ist es.

TRAINER Bevor wir Sie in die engere Auswahl ziehen können, müssen wir natürlich auch etwas über Ihre Schwächen wissen. *Stille.* Na, irgendeine klitzekleine Schwäche? Marzipan?

BLUMKOHL Ich mag gerne Marzipan, das ist es nicht. Mein letzter Chef hat mich einmal so zur Schnecke gemacht, weil ich vergessen hatte, wo ich die Akte C hingestellt hatte. Ich glaube, ich bin manchmal ein wenig vergesslich. Aber nur ein wenig.

TRAINER *wieder privat:* Oh, sagen Sie das niemals! Vergesslichkeit! Sagen Sie, dass sie manchmal Marzipan essen, oder Chips oder so was! Andere Leute haben doch auch immer irgendwas! Aber niemals Vergesslichkeit!

BLUMKOHL Manchmal esse ich etwas Marzipan.

TRAINER Also, Sie sind ein kleiner Naschkater, wie? *lacht* Nun gut, jeder nascht ja mal ganz gerne. Sprechen wir über Ihre Arbeit. Sie sind nun mehrere Jahre arbeitslos gewesen. Weshalb haben gerade Sie sich bei uns beworben? *Blumkohl will antworten. Motivationstrainer hält die Hände abwehrend, flüstert mit geschlossenen Augen:* Ich bin flexibel, kann gut mit Menschen umgehen und hatte lange Zeit nachzudenken. [...]

Status ✪ Schreiben Sie die Szene zu Ende. Achten Sie darauf, dass Sie den Bogen zum Anfang schließen. ✪ Experimentieren Sie mit dem Raum. Versuchen Sie einen Seminarraum zu gestalten, arbeiten Sie dabei mit Stilisierungsmitteln. ✪ Finden Sie für die verschiedenen Personen ein typisches Kostüm, eine charakteristische Haltung und einen charakteristischen Sprachduktus. Machen Sie dabei den Statusunterschied zwischen dem Motivationstrainer und den Seminarteilnehmern deutlich. Versuchen Sie auch, Statusunterschiede zwischen den einzelnen Teilnehmern zu zeigen. ✪ Experimentieren Sie mit Licht und Projektionen, um dem Auftritt des Motivationstrainers etwas Großartiges zu verleihen. Versuchen Sie, durch das Mittel der Übersteigerung Ihre Haltung zur Figur des Trainers und damit die Intention der Szene deutlich zu machen. Benutzen Sie dabei das Mittel der Ironisierung.

Tipp Nach Keith Johnstone unterscheidet man zwischen Hoch- und Tiefstatus → Quellenverzeichnis S. S. 152. Damit ist nicht der soziale Stand gemeint, sondern das Auftreten, das Verhalten, das sich in bestimmten Körperhaltungen und Sprechweisen widerspiegelt. Mittel, um einen Hochstatus auszudrücken, sind raumgreifende, sichere und zielstrebige Bewegungen, ein klarer Blick, eine aufrechte Körperhaltung und Körperspannung. Mittel, um einen Tiefstatus auszudrücken, sind kleine, unsichere und ungerichtete Bewegungen, Unruhe, ein unsteter Blick, eine gebeugte Körperhaltung sowie fehlende Körperspannung.

Formen der Inszenierung

Schmarotzer

Eine Collage über Arbeitslosigkeit

von Tilmann Ziemke

KONZEPTIONELLE IDEE Dem Projekt liegt die Idee zu Grunde, dass Schüler sich intensiv mit einem Thema befassen, Recherchen dazu anstellen und auf der Grundlage dieser Recherchen Szenen schreiben, die durch den thematischen, aber auch durch einen formalen Rahmen verbunden zu einem abendfüllenden Theaterstück zusammengefügt werden. Das Thema „Arbeitslosigkeit“ bietet sich an, weil es immer stärker unser gesellschaftliches Leben beeinflusst: kaum jemand, der nicht in irgendeinem Maße direkt oder indirekt betroffen ist. .... Der Titel „Schmarotzer“ ist provozierend gemeint, er spiegelt eine häufig geäußerte öffentliche Meinung wider, die – das zeigen viele Gespräche mit Betroffenen – von den Arbeitslosen als besonders schmerzhafte Herabsetzung ihres Selbstwertgefühls erlebt wird. Dieser Ansatz könnte auch der Grundgedanke eines Inszenierungskonzeptes werden: Es sollen Einblicke in den Alltag von Arbeitslosen gegeben werden, die in der Lage sind, Vorurteile ins Wanken zu bringen. Grundlage dafür ist eine klare Parteilichkeit für die sozial Schwachen. Diese Parteinahme sollte in der Inszenierung immer wieder deutlich werden. Möglich wäre das etwa durch eine Rahmenhandlung, in die die einzelnen Szenen eingebettet sind: Während des ganzen Stückes sitzen die Spielerinnen und Spieler im Hintergrund der Bühne, der den langen Flur eines Arbeitsamtes darstellt. Zwischen den Szenen stehen einzelne Spieler auf und sprechen authentische Sätze aus den Interviews ➔ S. 120, die die ausweglose Lage von Arbeitslosen besonders deutlich darstellen.

Mindmap

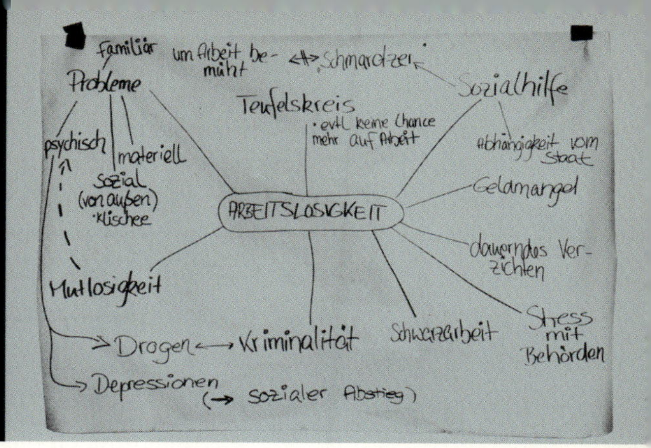

DER WEG ZUR INSZENIERUNG: ERSTE PHASE ***Annäherung an das Thema*** In dieser ersten Phase findet mit Hilfe verschiedener Methoden eine Annäherung an das Thema statt. Hier geht es um Erfahrungsaustausch, Auseinandersetzung mit eigenen und fremden Vorurteilen, um das Finden eines Standpunktes zur Thematik.

Mindmapping **1.** Bilden Sie Vierer- oder Fünfergruppen. Tauschen Sie sich in Ihrer Gruppe über das Thema „Arbeitslosigkeit“ aus und erstellen Sie auf einem DIN-A1-Plakat eine Mindmap. Klären Sie im Plenum mit den anderen Gruppen, was Ihnen am Thema wichtig ist. **2.** Entwickeln Sie in Gruppen ein Standbild zum Thema „Aus dem Alltag eines Arbeitslosen“. Stellen Sie Ihre Ergebnisse nacheinander vor und klären Sie, um welchen Aspekt des Themas es jeweils geht. **3.** Finden Sie Sprüche oder Redensarten, die Tugenden wie Strebsamkeit oder Tüchtigkeit in den Vordergrund stellen ➔ S. 125. Bringen Sie die Redensarten in eine sinnvolle Reihenfolge. Verteilen Sie die Spieler auf der Bühne und probieren Sie eine reine Sprechszene, in der die Redensarten einzeln – jeder Spieler einen Satz – oder chorisch gesprochen werden. Experimentieren Sie mit Steigerungen.

Tipp Festhalten von Ergebnissen: Es empfiehlt sich – besonders bei Eigenproduktionen – Zwischenergebnisse festzuhalten. Mindmap-Poster und Standbilder kann man fotografieren, szenische Zwischenergebnisse sollte man mit einer Videokamera aufnehmen.

Ohne Obdach

ZWEITE PHASE: RECHERCHE Vielleicht haben Sie gemerkt, dass das Thema „Arbeitslosigkeit“ mit starken Vorurteilen behaftet ist und dass relativ viel Unwissen vorherrscht. Deshalb geht es im zweiten Schritt darum, sich durch gründliche Recherche Wissen zu verschaffen. Das kann Faktenwissen sein (Wie viele Arbeitslose gibt es in Ihrer Region?), wichtiger für ein Theaterstück sind aber persönliche Geschichten und individuelle Schicksale. So bietet es sich an, Interviews mit persönlich Betroffenen zu führen, in denen es vor allem um existenzielle Fragen der Arbeitslosigkeit geht.

Interview ✪ **1.** Bereiten Sie in Gruppen Fragen für ein Interview mit einem Arbeitslosen vor (Anregungen finden Sie dazu auf S. 125). Bringen Sie die Fragen in eine sinnvolle Reihenfolge. ✪ **2.** Führen Sie ein Interview mit einem Arbeitslosen. Orientieren Sie sich dabei an den vorformulierten Fragen, seien Sie aber auch bereit, auf den Gesprächspartner einzugehen. Nehmen Sie das Gespräch mit einem Rekorder oder einem Diktiergerät auf und tippen Sie es später ab. ✪ **3.** Sichten Sie das Material in Hinblick auf einzelne Themen, die sich szenisch darstellen lassen. ✪ **4.** Stellen Sie Ihre Ergebnisse im Plenum vor und einigen Sie sich auf Themen, zu denen Sie Szenen erarbeiten wollen.

Tipp Die Schule sollte Kontakte mit Institutionen herstellen, über die Sie einen Interviewpartner finden können.
Eine realistische Zeitvorgabe für die Fertigstellung des Interviews sind vier bis sechs Wochen.

„Ich tue alles für einen Job.“

DRITTE PHASE: ENTWICKLUNG VON SZENEN In dieser Hauptphase des Projekts sollen auf der Grundlage der Interviews möglichst viele Szenen entstehen. Es ist durchaus denkbar, dass jede Gruppe ansatzweise zwei bis drei Szenen erarbeitet. Erst später wird dann entschieden, welche der Szenen für das Stück ausgewählt werden.

Szenenentwicklung ✪ **1.** Erarbeiten Sie in Ihrer Gruppe zu einem verabredeten Thema eine Szene. Nähern Sie sich dem Thema durch Improvisation. Spielen Sie Zwischenergebnisse immer wieder im Plenum vor, greifen Sie Anregungen auf und arbeiten Sie sie in Ihre Szene ein. Versuchen Sie, den Textanteil immer stärker zu reduzieren. Wenn Sie das Gefühl haben, eine Form für Ihre Szene gefunden zu haben, fixieren Sie den Text schriftlich. ✪ **2.** Probieren Sie die Szenen auf den Seiten 111 f. aus. Greifen Sie Ideen aus dem Inhalt ➔ S. 109 auf und entwickeln Sie daraus Szenen.

Tipp Versuchen Sie möglichst früh, mit Kostüm und Requisiten zu spielen. Es fällt Ihnen dadurch leichter, in Ihre Rolle zu finden.
★ Reduzieren Sie das Bühnenbild in Ihren Szenen auf wenige Versatzstücke. Arbeiten Sie mit stilisierten Elementen, z. B. mit Würfeln ➔ Bühnenbild S. 17. Verzichten Sie auf Tische und Stühle.
★ Besprechungen sollten nach einem bestimmten Schema ablaufen. Eine Grundregel besteht darin, mit Positivem zu beginnen und zu schließen. Ferner sollte man darauf achten, zwischen Wahrnehmungs-, Wirkungs-, Deutungs- und Bewertungsebene zu unterscheiden. 1. Was habe ich gesehen? 2. Wie wirkt das auf mich? 3. Wie deute ich das? 4. Wie beurteile ich das? Grundsätzlich gilt: Keine Pauschalurteile fällen, sondern Ich-Aussagen machen.

„Ich schlage die Zeit tot."

VIERTE PHASE: ZUSAMMENBAU UND EINSTUDIERUNG In der vierten und letzten Phase muss aus den vielen Einzelteilen ein Ganzes entstehen. Besonders wichtig dafür ist bei einer Collage ein Rahmen oder ein roter Faden, der die Einzelteile zusammenhält. Eine Collage sollte nicht länger als eine Stunde dauern, darf aber durchaus kürzer sein.

Dramaturgie **1.** Treffen Sie eine Auswahl aus den erarbeiteten Szenen und bringen Sie sie in eine sinnvolle Reihenfolge. **2.** Entwickeln Sie einen Rahmen, der die Szenen inhaltlich und formal zusammenhält ➔ S. 118. **3.** Beginnen Sie möglichst früh, in Blöcken zu proben. Stellen Sie dazu mehrere Szenen und Rahmenhandlungen zu einem Block zusammen, den Sie als Ganzes proben. So müssen Sie am Ende nur wenige Blöcke zusammenfügen. **4.** Legen Sie bei diesen Blöcken von vornherein bestimmte Aufgaben fest, z. B. wer bei Umbauten was zu bewegen hat.

Tipp Bei der Festlegung der Szenenreihenfolge sollten verschiedene Gesichtspunkte eine Rolle spielen: So sollte man auf inhaltliche Zusammenhänge achten, die Länge der Szenen, aber auch ihre Qualität ist wichtig – insgesamt sollte auf allen Ebenen das Prinzip der Steigerung entscheidend sein.

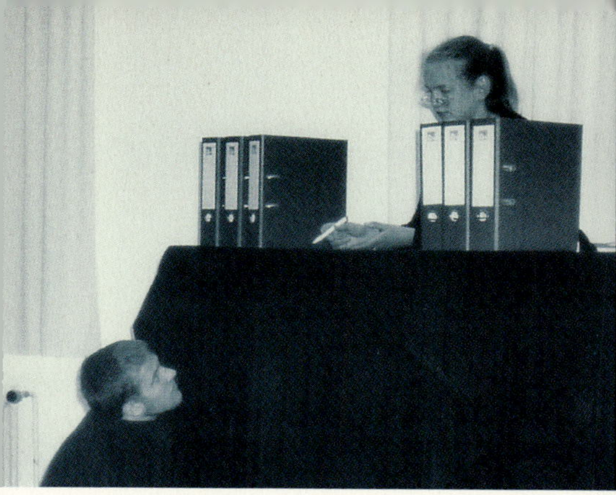

Ohnmacht

Die Mittel

BÜHNE UND LICHT Bleibt man bei dem vorgeschlagenen Rahmen, so ergibt sich eine Zweiteilung der Bühne. Im Hintergrund der lange Flur eines Arbeitsamtes: Die Wartenden sitzen dem Publikum zugewandt nebeneinander auf Stühlen. Denkbar ist es, in diesen Flur Garderoben zu integrieren, an denen die Kostüme zu den einzelnen Szenen hängen. Die Spieler könnten sich auf offener Bühne schnell für die jeweiligen Szenen verwandeln. Für den vorderen Teil der Bühne, auf dem die einzelnen Szenen dargestellt werden, empfiehlt sich der Verzicht auf jegliches Bühnenbild. Hier kann man mit wenigen Versatzstücken wie z.B. Würfeln die Szene verwandeln. .... Das Licht lässt sich so einrichten, dass Hintergrund und Vordergrund getrennt voneinander ausgeleuchtet werden.

Bühnenbild ✪ Diskutieren Sie andere Möglichkeiten eines Bühnenbildes: Arbeiten Sie mit abstrakten Formen, die den Antagonismus Macht und Ohnmacht ausdrücken.

Tipp Alle Elemente eines Bühnenbildes müssen auch genutzt werden. Wenn Sie etwa eine oder mehrere Türen als signifikantes Zeichen eines Arbeitsamt-Flures für notwendig halten, dann müssen Sie diese Türen auch nutzen. Überlegen Sie also, wie Sie diese Türen ins Spiel der Rahmenhandlung integrieren können.

MATERIAL

1. Personalabbau *Dieter Höss*

Ach,
Sie arbeiten noch bei uns?

Ach,
Sie arbeiten noch?

Ach,
Sie arbeiten?

Ach,
Sie?
Ach.

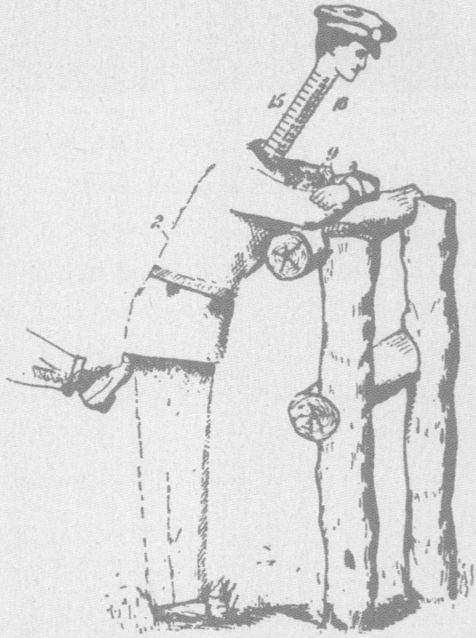

MATERIAL

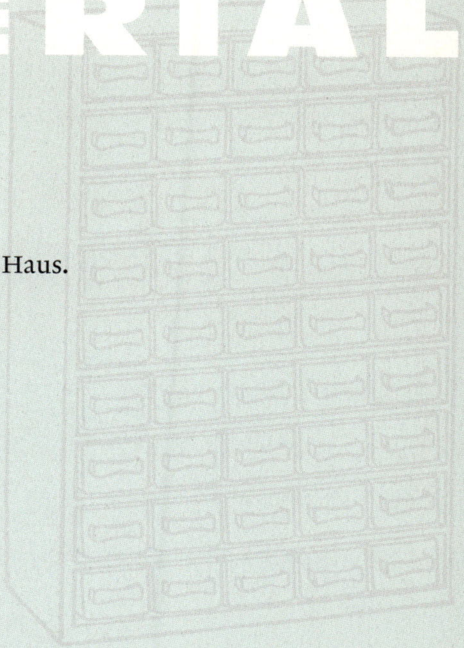

2. Sprüche

- Haste was, biste was.
- Früh ins Bett und früh wieder raus, bringt Gesundheit und Wohlstand ins Haus.
- Wer Arbeit will, findet auch Arbeit.
- Das Leben ist kein Picknick.
- Ohne Fleiß kein Preis.
- Jeder ist seines Glückes Schmied.
- Dem Tüchtigen gehört das Leben.
- Sich regen bringt Segen.
- Wo ein Wille ist, ist auch ein Weg.
- ...

3. Interviewfragen

- Seit wann sind Sie arbeitslos?
- Wie kam es dazu?
- Wie hat Ihr Umfeld (Familie/Freunde) auf Ihre Arbeitslosigkeit reagiert?
- Mussten Sie Ihre Lebensweise ändern?
- Haben Sie noch Kontakt zu Ihren alten Arbeitskollegen?
- Machen Sie nun Dinge, zu denen Sie vorher keine Zeit gefunden haben?
- Haben Sie viele Nachteile durch Ihre Arbeitslosigkeit?
- Begegnet man Ihnen mit Vorurteilen?
- Fühlen Sie sich von der Gesellschaft verachtet?
- Inwieweit würden Sie gern anderweitig unterstützt werden?
- Wie sehen Sie Ihre Zukunftschancen?

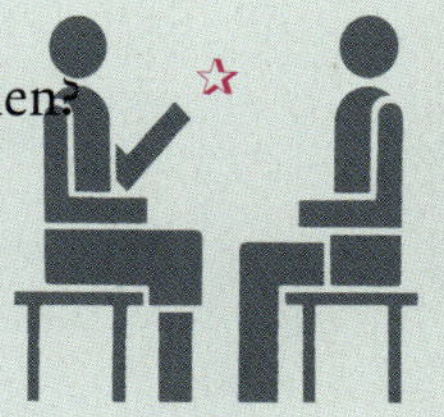

Brechtreiz

Ein Abend mit Brecht

Theater
Ins Licht treten
Die Treffbaren, die Erfreubaren
Die Änderbaren.

BERTOLT BRECHT

„...'WIRKLICH, ICH LEBE IN FINSTEREN ZEITEN'/HAST DU GESAGT./DIE ZEITEN SIND ANDERS GEWORDEN, ABER IM GANZEN /SIND SIE NICHT HELLER GEWORDEN SEIT DEINEN VERSEN..." ERICH FRIED, ZUR ZEIT DER NACHGEBORENEN (25 JAHRE NACH BRECHTS TOD)

Brechtreiz
Der Inhalt

Ein Dichter gibt über sich Auskunft.
Junge Mädchen verkaufen sich für Geld.
Ein Arzt weiß, wofür Frauen ihren Bauch haben.
Einem Mann wird so lange geholfen, bis er nur noch seinen Rumpf hat.
Ein Plattkopf wird ministertauglich.
Animalische Gier nimmt ein tödliches Ende.
Ein Gangster bereitet sich auf seine politische Karriere vor.
Ein Mensch schämt sich für sein Land.
Wissensdurst erweist sich als gefährlich.
Ein Chef verkündet, wo es langgeht.
Wartende denken über ihr Leben nach.
Irrtümer machen Arbeit.
Die Liebe hat es schwer.
Ein Rückgrat verbiegt.
Ein Verlierer klagt an.
Ein Dichter stellt unbequeme Fragen.

Bertolt Brecht
Der Autor

10. Februar 1898, in Augsburg .... 14. August 1956, Berlin. Bereits während seiner Schulzeit schreibt Brecht erste literarische Texte für die Schülerzeitung des Realgymnasiums, wo er 1917 das Notabitur macht. An der Universität München beginnt er Literatur, Medizin und Naturwissenschaften zu studieren. 1918 muss er sein Studium unterbrechen, weil er zum Militärdienst als Lazarettsoldat eingezogen wird. In dieser Zeit, in der zahlreiche Gedichte entstehen, wird er zum erbitterten Kriegsgegner. Während der Novemberrevolution ist er in Augsburg Mitglied des Arbeiter- und Soldatenrates. 1919 geht aus der Beziehung mit Paula Banholzer, die er zwei Jahre zuvor kennen gelernt hat, ein Sohn hervor, der im Zweiten Weltkrieg als deutscher Soldat an der Ostfront umkommt. Anfang der zwanziger Jahre hält sich Brecht

Brecht mit Paula Banholzer, mit Marianne Zoff, mit Helene Weigel

meistens in Berlin auf, wo er mit Verlagen und Theatern über seine bisher verfassten Stücke verhandelt. Hier lernt er seine erste Frau, die Opernsängerin Marianne Zoff, kennen sowie kurz darauf die Schauspielerin Helene Weigel, mit der er 1929 seine zweite Ehe eingeht. Mit beiden Frauen hat Brecht Kinder. Einen Tag nach dem Reichstagsbrand verlässt er mit seiner Familie Berlin. Stationen seines fünfzehn Jahre dauernden Exils sind die Schweiz, Dänemark, Schweden, Finnland und schließlich, ab 1941, die USA. .... Während der Zeit im kalifornischen Exil entstehen viele seiner Dramen. Als Brecht Ende Oktober 1947 vor das Komitee für unamerikanische Betätigungen in Washington zum Verhör vorgeladen wird, verlässt er unmittelbar am nächsten Tag das Land und findet Asyl in der Schweiz. 1948 kehrt er schließlich nach Deutschland zurück und gründet in Ostberlin seine eigene Theatergruppe, das „Berliner Ensemble“. 1954 zieht er mit diesem Ensemble in das dortige Theater am Schiffbauerdamm, das nach seinem Tod am 14. August 1956 seine Frau Helene Weigel leitet.

Bertolt Brecht
Das Werk

In Brechts literarischem Werk (Dramen, Lyrik, Prosa) spielen Motive wie soziale Kritik an gesellschaftlichen Verhältnissen und politische Verhaltensweisen von Menschen eine entscheidende Rolle. Er will als Stückeschreiber ein analytisches Theater, das den Zuschauer zum distanzierten (Nach-)Denken und kritischen Hinterfragen anregt. Das von ihm entwickelte epische Theater bricht deshalb radikal mit allen vorherigen Theaterkonzeptionen, indem es die Desillusionierung des Zuschauers betreibt und die imaginäre „vierte Wand" niederreißt, die im traditionellen Theater das Geschehen auf der Bühne zum Zuschauer hin durch die Illusion von möglichst großer Authentizität abschließt. Zu diesem Zweck „verfremdet" er das Spiel, um es als „Spiel" gegenüber dem wirklichen Leben erkennbar zu machen, mittels so genannter „V-Effekte": In seinen Stücken verzichtet Brecht z. B. häufig auf einen kontinuierlichen Handlungsverlauf, die Schauspieler treten aus der Szene heraus und wenden sich mit Kommentaren an den Zuschauer, es gibt Prologe und Epiloge, eine Erzählerfigur schaltet sich ein, Songs unterbrechen und kommentieren die Handlung, das Bühnenbild liefert keine perfekte Illusion, es arbeitet mit Versatzstücken. Der Zuschauer soll so Distanz zu den Figuren und der Handlung auf der Bühne entwickeln, das Gezeigte als eine Parabel auf allgemeine gesellschaftliche Verhältnisse verstehen und dazu angeregt werden, die Ursachen der dargestellten Missstände zu ergründen und als veränderbar zu erkennen. .... Ebenso wird vom Schauspieler Reflexion verlangt. Er soll sich nicht wie in der traditionellen Theaterpraxis in die Rolle einfühlen, sondern von außen, d.h. analysierend an sie herangehen, die Figur und ihr Handeln bloß „zeigen", nicht aber die Figur „sein". **WERKE U. A. STÜCKE** ➤ Die Dreigroschenoper ➤ Aufstieg und Fall der Stadt Mahagonny ➤ Der aufhaltsame Aufstieg des Arturo Ui ➤ Furcht und Elend des Dritten Reiches ➤ Lehrstücke (Lyrikbände) Die Hauspostille ➤ Lieder, Gedichte, Chöre ➤ Svendborger Gedichte (Prosa) Geschichten vom Herrn Keuner.

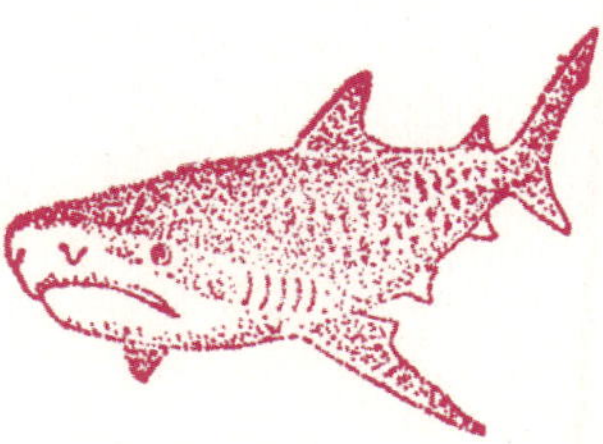

ORIGINALTEXT

Bertolt Brecht

Brechtreiz

VOM ARMEN B. B.

1 Ich, Bertolt Brecht, bin aus den schwarzen Wäldern. / Meine Mutter trug mich in die Städte hinein / Als ich in ihrem Leib lag. Und die Kälte der Wälder / Wird in mir bis zu meinem Absterben sein. **2** In der Asphaltstadt bin ich daheim. Von allem Anfang / Versehen mit jedem Sterbsakrament: / Mit Zeitungen. Und Tabak. Und Branntwein. / Mißtrauisch und faul und zufrieden am End. **3** Ich bin zu den Leuten freundlich. Ich setze / Einen steifen Hut auf nach ihrem Brauch. / Ich sage: Es sind ganz besonders riechende Tiere / Und ich sage: Es macht nichts, ich bin es auch. **4** In meine leeren Schaukelstühle vormittags / Setze ich mir mitunter ein paar Frauen / Und ich betrachte sie sorglos und sage ihnen: / In mir habt ihr einen, auf den könnt ihr nicht bauen. **5** Gegen Abend versammle ich um mich Männer / Wir reden uns da mit „Gentlemen“ an. / Sie haben ihre Füße auf meinen Tischen / Und sagen: Es wird besser mit uns. Und ich frage nicht: Wann? [...]

AN DIE NACHGEBORENEN

[...] III. Ihr, die ihr auftauchen werdet aus der Flut / In der wir untergegangen sind / Gedenkt / Wenn ihr von unseren Schwächen sprecht / Auch der finsteren Zeit / Der ihr entronnen seid.

Gingen wir doch, öfter als die Schuhe die Länder wechselnd / Durch die Kriege der Klassen, verzweifelt / Wenn da nur Unrecht war und keine Empörung.

Dabei wissen wir doch: / Auch der Haß gegen die Niedrigkeit / Verzerrt die Züge. / Auch der Zorn über das Unrecht / Macht die Stimme heiser. Ach, wir / Die wir den Boden bereiten wollten für Freundlichkeit / Konnten selber nicht freundlich sein.

Ihr aber, wenn es so weit sein wird / Daß der Mensch dem Menschen ein Helfer ist / Gedenkt unsrer / Mit Nachsicht.

Körperhaltungen ✪ Mit diesen Texten stellt sich die Brecht-Figur dem Publikum vor. Erproben Sie beim Sprechen verschiedene Körperhaltungen (Sitzen, Stehen, Gehen). Experimentieren Sie dabei auch mit unterschiedlichen Requisiten. ✪ Überprüfen Sie die Wirkung, wenn mehrere Spieler die Brecht-Figur darstellen.

THEATER DER GEMÜTSBEWEGUNGEN

Unter uns, es erscheint mir ein verächtliches Gewerbe / Durch Theaterspielen lediglich / Die trägen Gemüter zu bewegen. Wie Masseure / Kommt ihr mir da vor, die in die allzu fetten / Weichen wie in Teig greifen, so den Faulen / Den Schmerz abknetend. Flüchtig zusammengestellte / Situationen sollen den Zahlenden zu Zorn angeilen / Oder zu Schmerz. Der Zuschauer / Wird so zum Voyeur. Der Übersättigte / Sitzt neben dem Hungrigen.
Die Gefühle, die erzeugt werden, sind dumpf und unrein / Allgemein und verschwimmend, nicht weniger falsch / Als Gedanken sein können. Stumpfe Schläge auf das Rückgrat / Und der Unrat der Seele steigt an die Oberfläche. / Mit glasigen Augen / Schweißiger Stirn und gespannter Wade / Folgen die vergifteten Zuschauer / Euren Exhibitionen. / Kein Wunder, dass sie die Billette / Paarweise kaufen. Und kein Wunder / Daß sie gern im Dunkeln sitzen, das sie verbirgt.

Sprechsituationen ✪ Überlegen Sie sich in Gruppen für eine szenische Umsetzung dieses Gedichtes verschiedene Sprechsituationen (z.B. Partygespräch, Vortrag). Legen Sie dabei Handlungsort und Personen(-konstellationen) fest. ✪ Verteilen Sie den Text auf verschiedene Personen. ✪ Spielen Sie Ihre Szene vor.

DIE JÜDISCHE FRAU

Die junge jüdische (Ehe-)Frau eines Arztes beschließt, Deutschland zu verlassen, weil die Schwierigkeiten für sie und ihren Mann täglich größer werden. In mehreren Monologen probt sie, wie sie ihrem Mann ihren Entschluss für die „Reise" begründen will.

DIE FRAU [...] Ja, ich fahre jetzt also, Fritz. Ich bin vielleicht schon zu lange geblieben, das mußt du entschuldigen, aber ...

Sie bleibt stehen und besinnt sich, fängt anders an.

Fritz, du solltest mich nicht mehr halten, du kannst es nicht ... Es ist klar, daß ich dich zugrunde richten werde, ich weiß, du bist nicht feig, die Polizei fürchtest du nicht, aber es gibt Schlimmeres. Sie werden dich nicht ins Lager bringen, aber sie werden dich nicht mehr in die Klinik lassen, morgen oder übermorgen, du wirst nichts sagen, aber du wirst krank werden. Ich will dich nicht hier herumsitzen sehen, Zeitschriften blätternd, es ist reiner Egoismus von mir, sonst nichts. Sage nichts ...

Sie hält wieder inne. Sie beginnt wieder von vorn.

Sage nicht, du bist unverändert, du bist es nicht! Vorige Woche hast du ganz objektiv gefunden, der Prozentsatz der jüdischen Wissenschaftler sei gar nicht so groß. Mit der Objektivität fängt es immer an, und warum sagst du mir jetzt fortwährend, ich sei nie so nationalistisch jüdisch gewesen wie jetzt. Natürlich bin ich das. Das steckt ja so an. Oh, Fritz, was ist mit uns geschehen!

Sie hält wieder inne. Sie beginnt wieder von vorn.

DIE FRAU Ich habe es nicht gesagt, daß ich fort will, seit langem fort will, weil ich nicht reden kann, wenn ich dich ansehe, Fritz. Es kommt mir dann so nutzlos vor, zu reden. Es ist doch alles schon bestimmt. Was ist eigentlich in sie gefahren? Was wollen sie in Wirklichkeit? Was tue ich ihnen? [...]

Die Szene endet damit, daß der Ehemann nach Hause kommt.

DER MANN Was machst du denn? Räumst du?

DIE FRAU Nein.

DER MANN Warum packen?

DIE FRAU Ich möchte weg.

DER MANN Was heißt das?

DIE FRAU Wir haben doch gesprochen, gelegentlich, daß ich für einige Zeit weggehe. Es ist doch nicht mehr sehr schön hier.

DER MANN Das ist doch Unsinn.

DIE FRAU Soll ich denn bleiben?

DER MANN Wohin willst du denn?

DIE FRAU Nach Amsterdam. Eben weg.

DER MANN Aber dort hast du doch niemanden.

DIE FRAU Nein.

DER MANN Du weißt, daß ich unverändert bin, weißt du das, Judith?

DIE FRAU Ja.

Er umarmt sie. Sie stehen stumm zwischen den Koffern.

DER MANN Und es ist nichts sonst, was dich weggehen macht?

DIE FRAU Das weißt du.

DER MANN Vielleicht ist es nicht so dumm. Du brauchst ein Aufschnaufen. Hier erstickt man. Ich hole dich. [...]

DIE FRAU Wenn du mich abholen kommst, das wird dir gut tun. Gertrud habe ich angerufen. Sie wird nach dir sehen.

DER MANN Höchst überflüssig. Wegen der paar Wochen.

DIE FRAU *die wieder zu packen begonnen hat* Jetzt gib mir den Pelzmantel herüber, willst du?

DER MANN *gibt ihn ihr* Schließlich sind es nur ein paar Wochen.

> ***Innere Haltung*** ✪ Erkunden Sie in den vier Versuchen die unterschiedlichen inneren Haltungen der Frau ihrem Mann gegenüber und verdeutlichen Sie sie durch Ihre Sprechhaltung. ✪ Lassen Sie die Szene in einem eingefrorenen Schlussbild stehen, das die innere Haltung der Figuren und ihre Beziehung zueinander deutlich zum Ausdruck bringt.

VERGNÜGUNGEN

Der erste Blick aus dem Fenster am Morgen
Das wiedergefundene alte Buch
Begeisterte Gesichter
Schnee, der Wechsel der Jahreszeiten
Die Zeitung
Der Hund
Die Dialektik
Duschen, Schwimmen
Alte Musik
Bequeme Schuhe
Begreifen
Neue Musik
Schreiben, Pflanzen
Reisen
Singen
Freundlich sein.

Sprechvarianten ✪ Dieses Gedicht soll mit dem eingefrorenen Schlussbild der Szene „Die jüdische Frau" in Beziehung gesetzt und kontrastiert werden. ✪ Suchen Sie nach Interpretationsmöglichkeiten, die nicht Gesten und körperliche Ausdrucksmöglichkeiten, sondern allein die Sprache in den Vordergrund treten lassen. ✪ Sprechen Sie dazu den Text auf verschiedene Arten, z. B. allein, auf mehrere Personen aufgeteilt, chorisch (synchron/asynchron). ✪ Variieren Sie jeweils beim Sprechen Sprechtempo, Tonhöhe, Lautstärke sowie Ihre Stellung im Raum.

Tipp ✪ Lyrische Texte, die für eine szenische Darstellung wenig Möglichkeiten bieten, eignen sich in besonderer Weise für ein Spiel mit formalen Elementen z. B. Sprache, Rhythmus, Klang. Dabei kann man auch den Bühnenraum aufbrechen und erweitern, in dem sich die Spieler im Publikum verteilen.

LOB DES KOMMUNISMUS

Er ist vernünftig, jeder versteht ihn. Er ist leicht.
Du bist doch kein Ausbeuter, du kannst ihn begreifen.
Er ist gut für dich, erkundige dich nach ihm.
Die Dummköpfe nennen ihn dumm,
und die Schmutzigen nennen ihn schmutzig.
Er ist gegen den Schmutz und gegen die Dummheit.
Die Ausbeuter nennen ihn ein Verbrechen.
Wir aber wissen:
Er ist das Ende der Verbrechen.
Er ist keine Tollheit, sondern
Das Ende der Tollheit.
Er ist nicht das Rätsel
Sondern die Lösung.
Er ist das Einfache
Das schwer zu machen ist.

GESCHICHTEN VOM HERRN KEUNER

Mühsal der Besten

„Woran arbeiten Sie?" wurde Herr K. gefragt. Herr K. antwortete: „Ich habe viel Mühe, ich bereite meinen nächsten Irrtum vor."

Verschiedene Gattungen in Beziehung setzen

- Suchen Sie nach szenischen Darstellungen des Gedichts.
- Überlegen Sie sich Situationen, in denen das Gedicht in einer Verknüpfung mit der Keuner-Geschichte „Mühsal der Besten" szenisch gestaltet werden kann.

Tipp Versuchen Sie einen Ausschnitt aus dem Verhör Brechts in Washington vor dem Komitee über unamerikanische Betätigungen mit einzubeziehen.

„Was tun Sie“, wurde Herr K. gefragt, „wenn Sie einen Menschen lieben?“

Formen der Inszenierung

Brechtreiz

Ein Abend mit Brecht

von Christel Pickenpack

KONZEPTIONELLE IDEE Arbeitslosigkeit, Menschenverachtung, Wirtschaftskrisen, Extremismus, Kriege, Terrorismus – davon ist die Zeit geprägt, in der Bertolt Brecht gelebt und gearbeitet hat und über die er selbst in seinem Gedicht „An die Nachgeborenen“ urteilt: „Wirklich, ich lebe in finsteren Zeiten ... “ In seinen Texten hat er auf diese Verhältnisse reagiert: er will mit ihnen aufklären, anklagen, provozieren, zum Denken und Handeln auffordern, verändern. Sie handeln von Anpassung und Widerstand, Armut und Reichtum, Krieg und Frieden, Stärke und Schwäche, Liebe und Hass, Verzweiflung und Mut, Tod und Leben. Fast ein Jahrhundert ist inzwischen seit der Zeit vergangen, als Brecht mit dem Schreiben begonnen hat. Und obwohl sich das Rad der Geschichte doch unaufhörlich weitergedreht hat, weisen die Prägungen unseres 21. Jahrhunderts noch erschreckende Ähnlichkeiten auf, sind die Menschen existenziellen Problemen ausgesetzt, mit denen auch Brecht und seine Zeitgenossen konfrontiert waren. Diese Erkenntnis kann die Basis für ein Inszenierungskonzept bilden, denn Brechts Lyrik, seine Prosa und Theaterstücke geben immer noch Anlass, sich wichtigen Fragen der individuellen wie der gesellschaftlichen Gegenwart kritisch zu stellen.

„So ist es und so bleibt es?“

DER WEG ZUR INSZENIERUNG Brecht hat von frühester Jugend an bis zu seinem Tod geschrieben, wobei einzelne Lebensphasen von sehr unterschiedlichen Umständen politischer (Kaiserreich, Erster Weltkrieg, Weimarer Republik, Drittes Reich, Zweiter Weltkrieg, Exil, Entstehung von zwei deutschen Staaten) wie persönlicher Verhältnisse bestimmt waren. Seine Texte beinhalten insofern eine Vielzahl von Themen. .... Für eine Textauswahl, die sich hauptsächlich auf politische Themen und soziale Kritik an gesellschaftlichen Verhältnissen sowie auf Probleme menschlicher Beziehungen bezieht, ist es deshalb notwendig, sich in einem ersten Schritt einen Überblick über das hierzu vorhandene Material zu verschaffen.

Material sichten ✪ **1.** Bilden Sie drei Gruppen zu den Gattungen *Lyrik, Prosa, Drama* (knappe Inhaltsangaben der Stücke finden Sie z. B. in Schauspielführern oder im Internet) und sichten Sie die vorhandenen literarischen Texte zu politischen Themen und sozialer Kritik an gesellschaftlichen Verhältnissen sowie zu Problemen menschlicher Beziehungen. ✪ **2.** Jedes Gruppenmitglied wählt mindestens zwei Texte/Textausschnitte aus, die laut im Plenum vorgelesen werden. Begründen Sie anschließend Ihre Wahl. Beginnen Sie dabei so: „An diesem Text (be)rührt/(ver)stört, reizt mich...“ ✪ **3.** Diskutieren Sie, welche Texte Ihnen für die Collage geeignet erscheinen.

Tipp Andere inhaltliche Schwerpunktsetzungen einer Brecht-Collage sind durchaus denkbar. So kann die Textauswahl nur auf eine einzelne Lebensphase beschränkt werden (z. B. Brecht im Exil) oder ein Motiv (z. B. Liebe) zu Grunde legen, das die Collage wie einen roten Faden durchzieht.

„Wenn die Bekämpfer des Unrechts
Ihre verwundeten Gesichter zeigen
Ist die Ungeduld derer, die in Sicherheit waren
Groß.“

AUFBAU DER BRECHT-COLLAGE Ist die inhaltliche Schwerpunktsetzung mit der entsprechenden Textauswahl vorgenommen, so geht es nun darum, die einzelnen Textelemente so zu montieren, dass die Collage eine erkennbare dramaturgische Struktur erhält. Eine Möglichkeit liegt in der Verschränkung und Kontrastierung von unterschiedlichen Inhalten, so dass die Spannung aus der Wechselwirkung von gegensätzlichen Eindrücken und Reizen erzeugt wird. Dieses Prinzip der Textmontage kommt damit gleichzeitig Brechts Intention entgegen, auf dem Theater kritische Distanz statt emotionaler Hingabe beim Zuschauer wie beim Schauspieler zu ermöglichen.

Material strukturieren **1.** Um Ihrem Abend mit Brecht „den Reiz“ zu geben, tauschen Sie sich unter Ihren Gruppen aus. Für welche Themen, Bereiche, Gattungen haben Sie sich entschieden? Welche Texte lassen sich darstellen? Welche Themen/Texte lassen sich kombinieren? Legen Sie eine Abfolge fest. Versuchen Sie einen dramaturgischen Spannungsbogen mit Ihrem Material aufzubauen **2.** In den Texten „Theater der Gemütsbewegungen“ ➔ S. 131 und „Theater“ ➔ S. 126 geht es um Zuschauer und Schauspieler. Überlegen Sie, an welcher Stelle der Collage Ihnen eine szenische Umsetzung dafür am ehesten sinnvoll erscheint.

Tipp Nutzen Sie auch andere Medien ➔ S. 139 f.

„Die hellen Sternennächte schaukeln
Sie mit Musik in süße Ruh
Und mit geblähten Segeln gaukeln
Sie unbekannten Meeren zu."

Die Mittel

EINSATZ VON MUSIK Zu zahlreichen Stücken wie auch Gedichten von Brecht haben Kurt Weill und Hans Eisler Musik geschrieben. Manche dieser Songs sind Hits geworden, allen voran die aus der „Dreigroschenoper". Auch wenn der „Abend mit Brecht" kein Musikabend werden soll, ist die Darbietung von vertonten Texten durchaus eine gute weitere Möglichkeit, szenische Elemente kontrastierend zu gestalten. Als Begleitinstrumente eignen sich vor allem Klavier, aber ebenso auch Akkordeon. Für die Einstudierung musikalischer Beiträge empfiehlt es sich, entsprechende Profis einzubeziehen (z. B. Musiklehrer).

Tipp Im Sinne des V-Effekts ➔ S. 129 bietet es sich an, sehr bekannte Songs nur zu sprechen. Sie erhalten damit eine ganz neue Ausdruckskraft.

ROLLEN Grundsätzlich legt die Collage es nahe, dass die Mitwirkenden in zahlreichen verschiedenen Rollen auftreten. Für eine durchgängig feste Besetzung bietet sich allerdings die Figur des Autors selbst an. Wenn es im Untertitel der Collage heißt „Ein Abend mit Brecht", so ist dieser auf zweifache Weise zu verstehen: Einerseits ist damit natürlich Brecht gemeint, dessen Werk auf der Bühne ausschnitthaft dargeboten wird, andererseits kann er selbst als Figur auftreten.

Brecht als Brecht ✪ Lassen Sie Brecht als sich selbst an ausgewählten Stellen auftreten, z. B. mit dem Vortrag von Texten, die einen deutlichen biografischen Bezug aufweisen (z. B. die Gedichte „Vom armen B. B.", „An die Nachgeborenen").

„Ich habe Ihnen etwas mitzuteilen, was Sie interessiert.“

Tipp **Auch die Figur des Herrn Keuner aus den gleichnamigen Geschichten, die Modellfälle menschlichen Verhaltens zum Inhalt haben, eignet sich für eine feste Besetzung, um das Verständnis für die Rolle zu erleichtern, die er immer in diesen Geschichten verkörpert, nämlich den (dialektisch) „Denkenden“.**

EINSATZ VON TECHNISCHEN MEDIEN Von Brecht gibt es zahlreiches Tonmaterial, das in der szenischen Collage vielseitig verwendet werden kann. (Eine gute Zusammenstellung enthält z. B. die Doppel-CD „Bertolt Brecht. An die Nachgeborenen, Der Hörverlag 1997). Für die Einstimmung des Publikums in einen „Abend mit Brecht“, in dem politische und gesellschaftskritische Themen im Mittelpunkt stehen, können Tondokumente eingesetzt werden, in denen sich Brecht zu solchen Fragen äußert. Sie können Aufnahmen mit Rezitationen von ihm selbst mit einbeziehen. .... Um den dokumentarischen Charakter zu betonen, könnte außerdem mit anderen Medien experimentiert werden, sie bilden dann, neben den szenischen Umsetzungen, eine zweite Meta-Ebene, die eine kommentierende Funktion einnimmt.

Medien **1. Probieren Sie aus, welche Wirkung es hat, wenn Ihr Gedichtvortrag „An die Nachgeborenen“ vom O-Ton Brechts unterbrochen wird. 2. Experimentieren Sie auch mit Fotos und OH-Projektoren oder dokumentarischem Bildmaterial (Videofilme).**

„Ihr kennt den wissensdurstigen Brecht/Ihr saugt ihn allesamt!
Dann hat er euch zu oft gefragt/Woher der Reichen Reichtum stammt
Da habt ihr ihn jäh aus dem Land gejagt."

RAUM/BÜHNE Die Inszenierung sollte Werkstattcharakter haben und eine große Nähe der Darsteller/innen zum Publikum ermöglichen. Aus diesem Grund ist eine Aula als Aufführungsort ungeeignet. Stattdessen kann z. B. das Treppenhaus zum Spielort werden, wo das Publikum auf den Treppenstufen und an beiden Seiten der Bühne Platz nimmt. Die Spieler müssen so eine ganz andere Spielhaltung einnehmen als auf einer Guck-Kasten-Bühne. Gleichzeitig wird eine direkte Kontaktaufnahme mit dem Publikum ermöglicht. .... Das Bühnenbild sollte auf wenige Elemente reduziert sein, da der szenische Ablauf einen raschen Wechsel der Bühneneinrichtung erfordert.

Spielorte und Bühnenelemente ✪ **1.** Beim Spielen auf der Treppe wird die „vierte Wand" aufgehoben, die Zuschauer können Sie von drei Seiten betrachten. Entwickeln Sie entsprechende Bewegungschoreografien, die diesen Tatbestand berücksichtigen. ➔ Raum S. 16. ✪ **2.** Experimentieren Sie mit verschiedenen Versatzstücken wie z. B. Stühlen oder Würfeln, die in den Einzelszenen unterschiedliche Funktionen erfüllen können ➔ Bühnenbild S. 17.

Tipp ★ Mit einem halbhohen „Brecht-Vorhang" im hinteren Teil der Bühne, von wo aus zusätzlich Auftritte möglich sind, erhält das Bühnenbild ein typisches Element des Brechtschen Theaters.

★ Auf dem Bühnenboden erscheint in großen Lettern der Name BRECHT. Für die Herstellung der Buchstaben eignet sich Teppichfilz, zum Aufkleben und farblich passendes Gafferband, das eine feste Anhaftung gewährleistet.

MATERIAL

1. Philosophisches Volkstheater (um 1940) *Bertolt Brecht*

Ihr müßt wissen, mich verzehrt eine unersättliche Neugierde, die Menschen angehend; ich kann nicht genug von ihnen sehen und hören. Wie sie miteinander verkehren, Feindschaften und Freundschaften eingehen, Zwiebeln verkaufen, Feldzüge planen, Ehen schließen, wollene Anzüge machen, falsches Geld in Umlauf bringen, Kartoffeln ziehen, die Gestirne beobachten, wie sie einander betrügen, bevorzugen, belehren, ausquetschen, einschätzen, verstümmeln, unterstützen, wie sie Versammlungen abhalten, Vereine gründen, intrigieren. Ich will immer wissen, wie ihre Unternehmungen zustande kommen und ausgehen, und ich bin darauf aus, einige Gesetzlichkeiten darin zu erkennen, die mich instand setzen könnten, Voraussagen zu machen. Denn ich frage mich, wie ich selber mich benehmen soll, damit ich durchkomme und möglichst glücklich bin, und dies hängt natürlich auch davon ab, wie die andern sich benehmen, so daß ich auch daran sehr interessiert bin, besonders für die Möglichkeiten, sie zu beeinflussen.

2. Vom reichen B. B. *Volker Braun*

1 Bertolt Brecht war ein Deutscher
Er floh nach vielen Ländern.
Deutschland war nicht geheuer.
Er wollte es ändern.

2 Herr Brecht schrieb gern vom Essen
(Der ein schlechter Esser war, das gab er zu)
Sein Thema hieß: der Klassenkampf
Der ging ums Brot, das weißt du.

MATERIAL

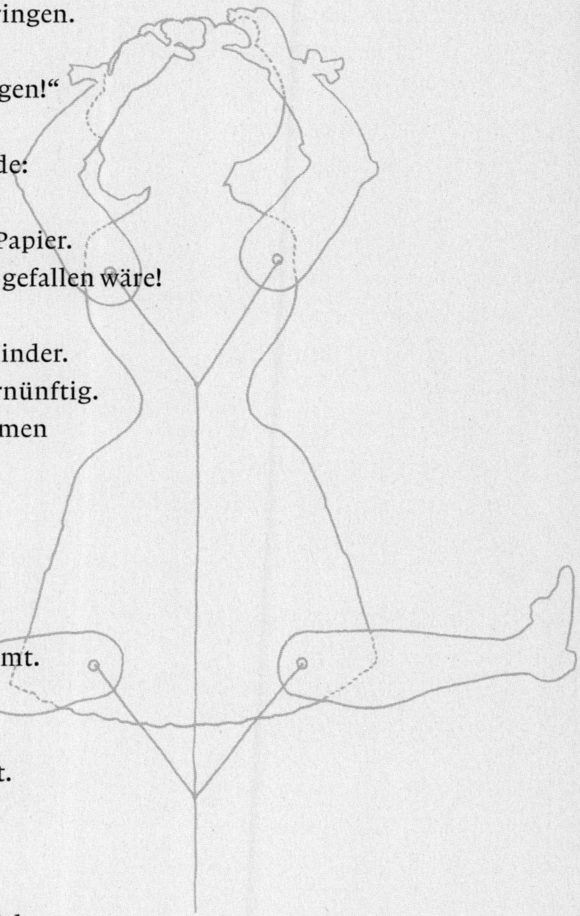

3 Er kam aus gutem Haus
Und gesellte sich zu den Geringen.
Das war eine Umstellung.
„Der wird es nie zu was bringen!“

4 Herr Brecht hatte viele Feinde:
Hitler und die Millionäre.
Er zeigte auf sie auf seinem Papier.
Wenn er ihnen in die Hände gefallen wäre!

5 Herr Brecht schätzte seine Kinder.
Er benahm sich zu ihnen vernünftig.
Er wußte: die nach uns kommen
Gehen uns voran künftig.

6 Er lief gern ins Theater.
Das war ihm zu verblümt.
Da machte er THAETER
Und wurde, langsam, berühmt.

7 An einen grünen Baum
Hat er graue Blätter gesteckt.
Jetzt sah man: sie sind grün.
Das war der V-Effekt.

8 Herr Brecht war sehr natürlich
Auch zu mancher Frau
Einige sagen
Der Brecht war eine Sau.

MATERIAL

9 Wenn Herr Brecht arbeitete
Setzte er einige Leute auf seine Stühle und fragte aus
Ihren Köpfen seine Verse mitten im Zigarrendunst.
Nennt man das nun klauen
Oder die neue Kunst?

10 Herr Brecht war immer unzufrieden
Das fand er höchst normal.
Am meisten war ers mit sich
(Und mit dem Staat allemal).

11 Er war der freundlichste Mann.
Oft hörte man ihn schrein.
Und sagte man: das ist ein Widerspruch!
Sagte er: das soll auch einer sein.

12 Herr Brecht war gar kein Herr
Dazu war er zu reich
An schönen Gedanken.
Die begreifen wir gleich.

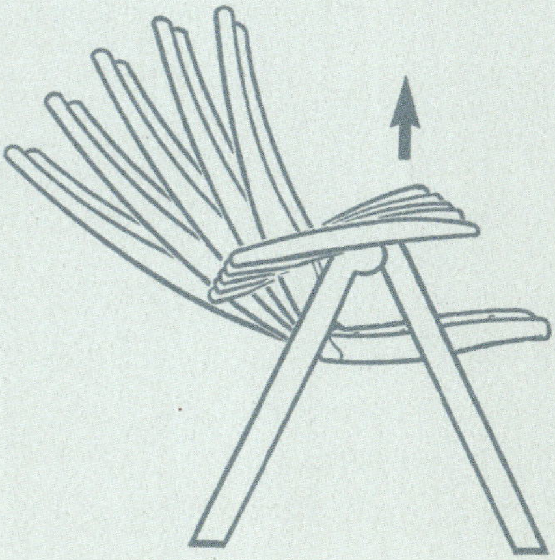

MATERIAL

3. Er nun wieder

Robert Gernhardt

Dann wieder hört man,
der Brecht, der habe
zwar viel ge---,
aber nicht gut.
Sei doch ein reichlich
einfallsloser
Hacker gewesen,
Typ Hahn,
so rasch runter
wie rauf.

Aber dies ganzen Frauen dann?
Alle so schön und so
klug und so
viele?
Immer gleich drei auf einmal.
Während er es der
dritten
noch besorgte, da tippte die
zweite
die Handschriften schon
des Tages, Gedichte,
die dann die
erste
jubelndem Saal sogleich
vortrug, in welchem
schon warteten die
vierte, die
fünfte, die
sechste, so
liest man es doch
dauernd.

Dann wieder hört man –
Wo ist da nun Wahrheit?
Ich meine, das muss sich
doch feststellen lassen!
Man hat doch ein Recht
darauf zu erfahren,
womit und wodurch
und weshalb ihm die Frauen
derart. Man soll doch
von Klassikern lernen!

4. Über das Singen der Songs *Bertolt Brecht*

Indem er singt, vollzieht der Schauspieler einen Funktionswechsel. Nichts ist abscheulicher, als wenn der Schauspieler sich den Anschein gibt, als merke er nicht, daß er eben den Boden der nüchternen Rede verlassen hat und bereits singe. Die drei Ebenen: nüchternes Reden, gehobenes Reden und Singen, müssen stets voneinander getrennt bleiben, und keinesfalls bedeutet das gehobene Reden eine Steigerung des nüchternen Redens und das Singen eine solche des gehobenen Redens. Keinesfalls also stellt sich, wo Worte infolge des Übermaßes der Gefühle fehlen, der Gesang ein. Der Schauspieler muß nicht nur singen, sondern auch einen Singenden zeigen. Er versucht nicht so sehr, den Gefühlsinhalt seines Liedes hervorzuholen (darf man eine Speise andern anbieten, die man selbst schon gegessen hat?), sondern er zeigt Gesten, welche sozusagen die Sitten und Gebräuche des Körpers sind. Zu diesem Zwecke benützt er beim Einstudieren am besten nicht die Worte des Textes, sondern landläufige, profane Redensarten, die ähnliches ausdrücken, aber in der schnoddrigen Sprache des Alltags. Was die Melodie betrifft, so folgt er ihr nicht blindlings: es gibt ein Gegen-die-Musik-sprechen, welches große Wirkungen haben kann, die von einer hartnäckigen, von Musik und Rhythmus unabhängigen und unbestechlichen Nüchternheit ausgehen. Mündet er in die Melodie ein, so muß dies ein Ereignis sein; zu dessen Betonung kann der Schauspieler seinen eigenen Genuß an der Melodie deutlich verraten. Gut für den Schauspieler ist es, wenn die Musiker während seines Vortrags sichtbar sind, und gut, wenn ihm erlaubt wird, zu seinem Vortrag sichtbar Vorbereitungen zu treffen (indem er etwa einen Stuhl zurechtrückt oder sich eigens schminkt usf.). Besonders beim Lied ist es wichtig, daß „der Zeigende gezeigt wird".

5. Denn wovon lebt der Mensch?

Bertolt Brecht

Zweites Dreigroschen-Finale

MAC Ihr Herrn, die ihr uns lehrt, wie man brav leben
Und Sünd und Missetat vermeiden kann
Zuerst müßt ihr uns was zu fressen geben
Dann könnt ihr reden: damit fängt es an.
Ihr, die ihr euren Wanst und unsre Bravheit liebt
Das eine wisset ein für allemal:
Wie ihr es immer dreht und wie ihr's immer schiebt
Erst kommt das Fressen, dann kommt die Moral.
Erst muß es möglich sein auch armen Leuten
Vom großen Brotlaib sich ihr Teil zu schneiden.
Stimme hinter der Szene:
Denn wovon lebt der Mensch?
MAC Denn wovon lebt der Mensch? Indem er stündlich
Den Menschen peinigt, auszieht, anfällt, abwürgt und frißt.
Nur dadurch lebt der Mensch, daß er so gründlich
Vergessen kann, daß er ein Mensch doch ist.
CHOR Ihr Herren, bildet euch nur da nichts ein:
Der Mensch lebt nur von Missetat allein!

AUFTRITT UND ABGANG Gliederung szenischer Abläufe. Wie, wo und wann eine Figur die Bühne betritt bzw. abgeht, gibt Auskunft über sie.

ALLEGORIE Personalisierte Darstellung eines abstrakten Begriffs, z. B. Liebe als Amor, Tod als Skelett.

BLACKOUT Plötzliche Verdunkelung auf der Bühne.

CHOR (*griech.* choros: Tanzplatz, Tanzgruppe) Ursprünglich eine Gruppe von Sängern und Tänzern im antiken Drama, die als Teil des Spiels das Geschehen deuten und kommentieren.

CHOREOGRAFIE Ablauf und Festlegung von verschiedenen Tanzschritten und Bewegungsfolgen.

COLLAGE Ausgehend von einem Thema, einem Motiv werden verschiedene Aspekte in einzelnen in sich abgeschlossenen Szenen dargestellt und nach dramaturgischen Gesichtspunkten geordnet (z. B. lineare Struktur: einzelne Szenen, die jedoch keine Entwicklung darstellen; steigende Dramaturgie mit Höhe- und Wendepunkt; Darstellung einer zusammenhängenden Geschichte durch einen Handlungsträger).

DRAMATURGIE Wissenschaftliche Bezeichnung für die Gesetzmäßigkeiten eines Theaterstückes und seiner Bühnenwirksamkeit. Kurzform für das Büro des Dramaturgen am Theater.

EPILOG Nachwort, abschließende Rede, die sich an den Zuschauer wendet um das Geschehen noch einmal zu kommentieren oder auch Distanz zur Handlung zu schaffen.

FIGURENSPLITTING Eine Rolle wird auf mehrere Spieler aufgeteilt, es können sich also mehrere an der Gestaltung beteiligen und dadurch unterschiedliche Facetten einer Figur verdeutlichen.

FOKUS Die Blickrichtung, die eine Figur auf der Bühne einnimmt, d. h. der Punkt, den sie mit den Augen fixiert.

FREEZE Die Spieler verharren auf ein Signal hin abrupt in ihren jeweiligen Positionen.

FUNDUS Oberbegriff für alle Ausstattungsmittel, die im Theater Verwendung finden (Requisiten, Kostüme).

GESTE (*lat.*: Gebärde) Die Gesamtheit aller Gesten, die einer Person zur Verfügung steht; speziell Körper-, Arm- und Handbewegungen eines Spielers. Sie dienen zur Veranschaulichung des Gesagten, können auch Ersatz für Sprache sein.

GESTUS (*lat.*: Gebärde) Äußerungen eines Spielers, die die gesellschaftlichen Beziehungen zwischen Menschen verdeutlichen und Gestik, Mimik sowie sprachliche Aussagen mit einbeziehen.
Durch den Gestus wird das Gefühl, der Geist, die innere Haltung einer Figur in ihrem gesellschaftlichen Kontext transportiert. ➲ Bertolt Brecht / Theatertheorie

IMPROVISATION (*lat.* improvisus: unvermutet, unvorhergesehen) Szene, die ohne vorherige Absprache nur mit geringer Festlegung in Bezug auf Ort und Personen aus dem Stand heraus gespielt wird.

INNERER MONOLOG Wiedergabe von Gedanken, Assoziationen, Ahnungen einer Figur, die in Wirklichkeit nicht ausgesprochen werden.

MIMIK Bewegungen des Gesichts, die Stimmungen und Gefühle zum Ausdruck bringen.

MONTAGE Eine Aneinanderreihung einzelner Szenen in räumlich und zeitlich verschiedenen

Situationen. Sie werden weder durch eine Handlung, noch durch eine sachliche Verknüpfung miteinander verbunden, führen nur durch verblüffende Widersprüchlichkeit und Reibung der szenischen Umsetzung beim Zuschauer zu Assoziationen, die die inhaltliche Aussage ausmachen.

PARAVENT Beweglicher, aus leichtem Material gebauter Wandschirm.

PRÄSENZ Konzentration und Ausstrahlungskraft eines Spielers.

PROLOG Eröffnungsrede, die sich zumeist an das Publikum richtet und in die Handlung einführt.

ROLLENBIOGRAFIE Erfindung eines möglichst stimmigen Lebenslaufs für eine Bühnenfigur.

SLOW MOTION Bewegungsabfolgen in Zeitlupe.

SPRACHGESTUS Bestimmte Art zu sprechen, die die innere Haltung einer Figur verdeutlicht.

STANDBILDER Ein abstrakter Begriff, eine Situation, eine Gefühlsregung wird durch die Gruppierung eines oder mehrer Spieler stumm dargestellt.

STATUS Die Bedeutung, die eine Figur gegenüber einer anderen innerhalb einer Szene wahrnimmt. Der A-Status verweist auf eine überlegene Haltung, B-Status auf eine Unterordnung. Der Status kann innerhalb einer Szene wechseln.

STILISIERUNG Vereinfachung auf eine Grundstruktur, ein Grundmuster.

SUBTEXT Enthält alle wichtigen Informationen zum Innenleben einer Figur und verdeutlicht ihre unterschwellige Motivation. Die eigentliche Aussage wird in Form nonverbaler Ausdrucksformen transportiert: z. B. durch Körpersprache oder durch andere Spieler – z. B.: innerer Monolog, Figurensplitting, musikalische Kommentare.

TABLEAU Einfrieren (freeze) der Spieler an bedeutsamen Stellen einer Szene.

TEICHOSKOPIE (*griech.*: Mauerschau) Theatralischer Kunstgriff; ein Beobachter schildert den Zuschauern ein Geschehen, das nicht dargestellt werden kann oder dargestellt werden soll, z. B.: eine Schlacht oder einen Zweikampf.

TIMING Strukturierung von Raum und Zeit auf der Bühne; Tempovariationen, Rhythmisierungen entscheiden darüber, ob eine Szene oder eine ganze Inszenierung als spannend oder langweilig empfunden wird.

TOC Sehr kurze Muskelanspannung, die eine Bewegung zum Abschluss bringt und sich damit deutlich sichtbar gegen die folgende Bewegung abgrenzt.

TYPISIEREN Eine Figur wird nicht als individuelle Person mit differenzierten Eigenschaften dargestellt, sondern stark vergröbert als ein Typus, z. B.: der Held, der Loser.

VERFREMDUNG Hervorhebung eines vertrauten Tatbestandes oder Inhalts, sodass er fremd und unbekannt wirkt. (➲ Bertolt Brecht: Verfremdungseffekt. Aus: B. Brecht: Gesammelte Werke 15. Schriften zum Theater, S. 361 f., Frankfurt/M. 1967).

VERSATZSTÜCK
Kleinformatiges Ausstattungselement.

WARMING-UP Zusammenstellung verschiedener Aufwärmübungen, um sich auf die szenische Arbeit körperlich und geistig vorzubereiten.

QUELLENVERZEICHNIS

Cover: Foto: Marian Beck, Zürich

DARSTELLENDES SPIEL – EINFÜHRUNG *von Christiane Mangold*

Bildquellen: S. 6 Bild-Bühne Theaterfotografie, David Baltzer/ZENIT .... S. 8 Sabine Kündiger S. 9, 11, 12, 13, 15, 16, 17, 18, 19, 21, Günter Frenzel

PROJEKT: FRÜHLINGSERWACHEN! *von Susanne Oehmsen*

Aufführung: Kreisgymnasium Bargteheide, Theater-AG der Oberstufe

Originaltexte: Frank Wedekind. Frühlingserwachen. Stuttgart: Reclam Verlag

Bildquellen: S. 22 Bühnenbild von Wilfried Mink zu Peter Zadeks Inszenierung von „Frühlingserwachen" im Theater der Freien Hansestadt, Bremen 1964. Foto: Fritz Wolle. Aus: Theater Heute 6/1965, S. 8 .... S. 24 Porträt Frank Wedekind. Aus: G. Seehaus: Wedekind. Reinbek bei Hamburg: Rowohlt 1984, S. 132 .... S. 25 Szenenfotos aus Peter Zadeks Inszenierung von „Frühlingserwachen" im Theater der Feien Hansestadt, Bremen 1964. Fotos: Fritz Wolle. Aus: Theater Heute 6/1965, S. 9 f. .... S. 30, 31, 32, 33, 35, 37, 38 Szenenfotos aus dem Projekt „Frühlingserwachen!". Fotos: Uli Kunz.

Material: S. 41 Niemals in Verboten denken. Aus: Lukas Bärfuss: Die sexuellen Neurosen unserer Eltern. 9. Szene. Aus: L. Bärfuss: Meienbergs Tod. Die sexuellen Neurosen unserer Eltern. Der Bus. Stücke. Göttingen: Wallstein Verlag 2005 .... S. 43 Du bekommst keine Liebesbriefe mehr. Beigbeder, Frédéric. Aus: Neununddeißig neunzig. Reinbek bei Hamburg: Rowohlt 2002, S. 80 .... S. 43 Helge ist allein. Aus: Berg, Sybille: Ein paar Leute suchen das Glück und lachen sich tot. Reclam Verlag Leipzig 1997, S. 28 .... S. 44, 45 Die Männer wollen nur eins, Der Mühe nicht wert. Aus: Marius v. Mayenburg: Feuergesicht. In: M. v. Mayenburg: Feuergesicht – Parasiten: Zwei Stücke. Frankfurt/M.: Verlag der Autoren 2000.

PROJEKT: INFERNO *von Marcel Kunz und Stefan Pfleghard*

Aufführung: Göttliche Komödie, Teil I: Die Hölle (Inferno), Dante Alighieri
Aargauische Kantonsschule (Gymnasium Sek. II) CH-5430 Wettingen, Theaterkurs 2002–2004

Originaltexte: Dante Alighieri: Die Göttliche Komödie. Stuttgart: Reclams VB 9813 .... Dante Alighieri: La Divina Commedia. Firenze: Salani 1958 .... DanteAlighieri: La Divine Comédie - L'enfer. Paris: GF-Flammarion 1992.

Bildquellen: S. 46 Bartolomeo di Eruosino: (Titel des Bildes) Bibliothèque nationale, Paris .... S. 47 Ausschnitt aus: Das letzte Gericht. Bambergische Halsgerichtsordnung, 1510 .... S. 48, 49 Sandro Botticelli: Dante Alighieri; Der Höllenrichter. bpk, Berlin .... S. 48 unten L. Breton: Belphegor, the biblical demon of evil". Aus: Collin de Plancy's Dictionnaire infernal. Paris 1863 .... S. 56, 57, 62 Sara Neukom, CH-Wettingen .... S. 58 Harro Pischon, Berlin .... S. 59, 63 Marian Beck, CH-Zürich .... S. 60 Aus: Der Spiegel: Entdeckungen, Täuschungen, Phantasien. Gießen: Anabas Verlag 1996 .... S. 61, 65 oben: Andrea Meyer, CH-Wettingen .... S. 64 Spiegel in der Hölle. Der Selen Wurczgart, Ulm 1483. Skizze: Stefan Pfleghard .... S. 65 Dante Alighieri: Die göttliche Komödie. © 1963 Manesse Verlag .... S. 65 oben.: Andrea Meyer, CH-Wettingen; unten: Marian Beck, CH Zürich .... S. 66 Spiegel in der Hölle. Der Selen Wurczgart, Ulm 1483 .... S. 67 Aus: Nigel Gosling: „Gustave Doré". Berlin: Rembrandt Verlag 1975.

Material: S. 67 Hans Magnus Enzensberger: Der Untergang der Titanic. Frankfurt/M.: Suhrkamp 1981 .... Peter Weiss: Inferno. Frankfurt/M.: Suhrkamp 2003 .... Susan Sontag: Das Leiden anderer betrachten. München: Hanser 2003

Bildvorlagen: Peter Dinzelbacher: Himmel, Hölle, Heilige. Visionen und Kunst im Mittelalter. Darmstadt: Wissenschaftliche Buchgesellschaft 2002 .... Wilhelm Frenger: Hieronymus Bosch. Dresden: Verlag der Kunst, 1975. (vor allem Bilder über die Hölle)

Musik: Monteverdi, Madrigali erotici. CD: L'oiseau lyre 421480-2 (besonders geeignet für „Dantes Zwischenhalt bei den Maßlosen") .... Voches de sardinna: tenore de orosei. CD: Basic edition Winter & Winter 910021-2 (besonders geeignet für „Grausamkeit der Hölle").

PROJEKT: NIBELUNGEN *von Sabine Kündiger*

Aufführung: Rosa-Luxemburg-Oberschule Berlin-Pankow; jahrgangsübergreifender Kurs Darstellendes Spiel; DS 11–13

Originaltexte: S.68 Das Nibelungenlied. Zweisprachige Ausgabe. Übertragung von Helmut de Boor. Einleitung. Dietrisch'sche Verlagsbuchhandlung zu Leipzig. Band 250, S. Vff. .... S. 73, 77, 84 Das Nibelungenlied. Urtext mit Übertragung. 1. Aventiure, 1. Vers, S. 6. Stuttgart: Weltbild Verlag 1994 .... S. 75–77, 79, 81, 83f. Friedrich Hebbel: Die Nibelungen. Ein deutsches Trauerspiel in drei Abteilungen. Stuttgart: Reclam 1998 .... S. 71 Reclams Schauspielführer, 2001 .... S. 72 Kindlers Neues Literatur Lexikon, Band 7, 1988.

Material: S. 88 CD Nicholas Lens Orrori dell'Amore: Titel 12, Sonymusic, Achten, Irma J M Schott Musik International, Mainz. .... S. 89 Das gelbe Monster. Text: Plate, Peter/Sommer, Ulf Leo/R. Anna © Partitur Musikverlag Andrea Rosenbanum Peter P. Arabella Musikverlag GmbH (BMG UFA Musikverlage), München. CD Rosenstolz: Herz. Titel 8, Polydor.

Bildquellen: S. 68 Aufführung der Münchner Kammerspiele. Die Nibelungen von Friedrich Hebbel. © Andreas Pohlmann, München (Darsteller: Julia Jentsch, Bernd Grawert) .... S. 70 Kestner Museum, Hannover .... S. 71 Friedrich Hebbel, Gemälde von Carl Rahl, 1855; Öl auf Leinwand, 138 x 100 cm. Berlin, Nationalgalerie. akg-images .... S. 76, 78, 82, 83 Bert Burkhardt, Berlin .... S. 77, 79, 80, 81, 84, 85, 86, 87 Sabine Kündiger .... S. 89 Hagen Tronje (Hans Adalbert Schlettow) in „Die Nibelungen" (Deutschland 1923/24). Regie: Fritz Lang. akg-images

PROJEKT: HALTESTELLE.GEISTER. *von Jan-Henning Steuer*

Aufführung: Zwischen Leben und Tod: Helmut Kraussers „Haltestelle. Geister."
Käthe-Kollwitz-Schule, Kiel. Projektkurs Theater.

Originaltexte: S. 94–97, 106 Helmut Krausser : Haltestelle. Geister. Trash-Oper im breiten Stil. Frankfurt/M.: Verlag 2001. S. 92, S. 94–98, S. 105, S. 106 .... (Nicht über den Buchhandel erhältlich. Bestellungen über den Verlag: S. Fischer Verlag, Hedderichstr. 114, 60 596 Frankfurt. Tel. 069-6062271)

Material: S. 105: Sex Pistols: My Way (Virgin/EMI) .... S. 107: Richard Wagner: Isoldes Liebestod. Aus: R. Wagner: Tristan und Isolde. Hg. von Egon Voss. Stuttgart 2003 .... S. 106: My Way. text Paul Anka. © Editions Musicales Eddie Barclay/Jeune Musique. Edition Marbot GmbH, Hamburg. Frank Sinatra: My Way (Warner Music) .... Die vollständigen Liedtexte sind über das Internet erhältlich, z.B. über die Stichwort suche unter www.google.de. **Bildquellen:** S. 90 Thalia Theater, Hamburg. © Armin Linke, I - Mailand .... S. 92 dpa Frankfurt/M..... S. 99 – 105 Tilmann Ziemke, Kiel.

COLLAGE: SCHMAROTZER *von Tilmann Ziemke*

Aufführung: Gymnasium Kronwerk, Rendsburg. Projektkurs 13. Jahrgang: Darstellendes Spiel

Originaltexte: S. 111 Felix von Gehren, Schüler, 13. Jhg .... S. 113 Bent Gebert, Schüler, 13. Jhg. S. 117 Keith Johnstone: Improvisation und Theater. Berlin 1993.

Material: S. 124 Dieter Höss, Personalabbau, aus: Stuttgarter Zeitung vom 12.3.1988

Bildquellen: S. 108 Heartfield-Arbeit. Aufnahme aus: M. Iljin (d.i. Ilja Marschak). 5 Jahre, die die Welt verändern. Erzählung vom großen Plan. Berlin: Malik-Verlag 1932. S. 33 „Spitzenprodukte des Kapitalismus“, Aufnahme: Bernd Kuhnert. VG Bild-Kunst. Stiftung Archiv der Akademie der Künste .... S. 110 Tilmann Ziemke, Kiel .... S. 118 picture-alliance/dpa/Maurizio Gambarini .... S. 120, 121, 122, 123 Gisela Tams, Rendsburg .... S. 124 Alamy-images, Oxfordshire/imagebroker.

COLLAGE: BRECHTREIZ – EIN ABEND MIT BRECHT *von Christel Pickenpack*

Aufführung: Ricarda-Huch Gymnasium, Hannover, Theater AG Sek. II 2001

Originaltexte: Bertolt Brecht, Gesammelte Werke in 20 Bänden. Frankfurt/M.: Suhrkamp 1967 .... S. 126 Theater. Aus: B. Brecht, Gesammelte Werke, Bd. 10, S. 1020 .... S. 127 Zitat: Erich Fried: Das Nahe suchen. Gedichte. Berlin 1982, S. 22..... S. 130 Vom armen B. B.. Aus: Bertolt Brecht, Gesammelte Werke, Bd. 8, S. 261 f. .... S. 130 An die Nachgeborenen; aus: B. Brecht: Gesammelte Werke, Bd. 9, S. 722 ff .... S. 131 Theater der Gemütsbewegungen; aus: B. Brecht: Gesammelte Werke, Bd. 9, S. 774 f. .... S. 132 f. Die jüdische Frau. Aus: Furcht und Elend des Dritten Reiches, Gesammelte Werke, Bd. 3, S. 1073 f. .... S. 134 Vergnügungen; aus: B. Brecht: Gesammelte Werke, Bd. 10, S. 1022 .... S. 135 Lob des Kommunismus; aus: B. Brecht: Gesammelte Werke, Bd. 9, S. 463 .... S. 135 Geschichten vom Herrn Keuner: Mühsal der Besten; aus: B. Brecht: Gesammelte Werke, Bd. 12, S. 377 .... Zu S. 140 CD Bertolt Brecht: An die Nachgeborenen. Der Hörverlag 1997

Zitate in der Bildleiste: S. 136 Aus: Bertolt Brecht: Gesammelte Werke 12, S. 386 .... S. 137 Aus: Bertolt Brecht: Gesammelte Werke 10, S. 1032 .... S. 138 Aus: Bertolt Brecht: Gesammelte Werke 9, S. 492 .... S. 139 Aus: Bertolt Brecht: Gesammelte Werke 8, S. 224 f. .... S. 140 Aus: Zum Lesebuch für Städtebewohner gehörige Gedichte. In: Bertolt Brecht: Gesammelte Werke 8, S. 283 ff. .... S. 141 Aus: Salomon-Song. In: Bertolt Brecht, Gesammelte Werke 2, S. 467 ff.

Material: S. 142 Bertolt Brecht: Philosophisches Volkstheater (um 1940). Aus: Willkommen beim Berliner Ensemble am Bertolt-Brecht-Platz, Berlin 1987, S. 4 .... S. 142 Braun, Volker: Vom reichen B. B. ; aus: Werner Hecht (Hg.). Forum für Brecht. Zum zehnjährigen Bestehen des Brecht-Zentrums der DDR. Berlin 1988, S.23 .... S. 142 Robert Gernhardt: Er nun wieder. Aus: Robert Gernhardt: Körper in Cafés. Zürich 1992, S. 102 f. .... S. 146 Bertolt Brecht: Über das Singen der Songs. Aus: Gesammelte Werke 17, S. 996 f. .... S. 147 Bertolt Brecht: Denn wovon lebt der Mensch? Aus: Gesammelte Werke 2, S. 457 f.

Bildquellen: S. 126 Fotomuseum im Münchner Stadtmuseum; Plakat Theater AG .... S. 128 Berliner Ensemble (Hg.): Programmheft Nr. 65 .... S. 136 – 141 Fotos: Christel Pickenpack, Hannover. .... S. 147 re. u.: Zeichnung von Robert Storm Petersen, abgedruckt in der dänischen Übersetzung des Dreigroschenromans, 1935. Aus: Brecht Chronik von Werner Hecht. © Suhrkamp Verlag Frankfurt/M. 1997.